三石◎著

THE REVOLUTION OF BOOKSTORE
书 店 革 命

黑龙江出版集团
黑龙江教育出版社

序 言

　　实体书店是重要的文化设施和文明载体，在促进城乡文化产业发展和文化市场繁荣、巩固先进文化传播阵地、推动全民阅读、建设书香社会、提高全民族素质等方面具有重要作用。同时，实体书店是文化产品实现经济价值和文化价值的重要终端环节。实体书店的健康发展，一是国家政策的支持，二是要依靠书店自身的转型和提升。最近，中宣部、国家新闻出版广电总局等11个部门联合印发了《关于支持实体书店发展的指导意见》，这个力度空前的文件为实体书店的转型升级之路进一步指明了方向。在这样的背景下，《书店革命》一书的出版，为"互联网+"时代实体书店转型升级提供了新的理论视野，也提供了具有实践意义的方案。

　　三石，原名张磊。他涉猎广泛，写过小说，创办过中国第一本《出版营销》杂志，曾为国内流行音乐资深评论人，获中国流行歌坛十年成就奖等等，不一而足。然而，他最为倾心的是出版传媒。他常年涉足图书、期刊、报纸、新媒体的实务运作，当年由其创建并担任主编的《出版营销》杂志，在出版业界其传播全新出版营销观念、注重实战营销技术的推广为行业所瞩目。时隔多年，三石在不足两年的时间里打造了六家被读者喜爱并称为"爆品"的书店。其中哈尔滨果戈里书店从0到1创造了中国实体书店全新的文化品牌，为中央电视台《新闻联播》所报道。三石不仅对书店从定位到商业模式设计、从文化品牌到传播等进行全程策划，还是这些书店的空间设计师，这种跨界资源的整合，在全国书店中独树一帜。这几家书店成功的关键还在于"创新思维"和"创新能力"。创新思维是指以新颖独创的方法解决问题的思维过程；创新能力是不断提供具有经济价值、社会价值、生态价值的新思想、新理论、新方法和新发明的能力，这也正是实体书店转型升级的核心竞争力。同时，三石以"做有灵魂的书店"为书店的追求，并提出书店"用文化撬动大众阅读的渴望"，这正是新书店时代的实体书店运营目标及全民阅读推广的追求。

《关于支持实体书店发展的指导意见》的基本原则就是坚持改革创新，推动实体书店经营模式创新和转型升级，以改革激发市场活力，以创新增强经营能力，着力解决制约实体书店发展的关键问题。"创新""转型"是其关键词。移动互联网时代大众阅读环境和需求急剧变化，读者的阅读行为以及阅读消费行为也在变化，只有致力于创造舒适的阅读体验和场景感，着力于提供更多文化增值服务，重新构造与读者的关系，更好地与读者进行情感沟通，进行文化营销的书店，才能得到读者的认同，引领读者回归实体书店。这其实就是一场新的书店革命的开始。《书店革命》一书，突破了实体书店传统运营的思维模式，从"互联网+"时代实体书店生存与发展的环境出发，对实体书店转型升级的顶层设计、商业模式、业态整合策划与营销、文化空间设计与场景营销、书店品牌策划、文化营销与跨文化营销、服务营销与忠诚度营销、互联网营销与新媒体传播、文化创意产品策划与营销，以及团队建设等方面进行了积极的探索。

最为可贵的是，《书店革命》理论与实践相结合，提供了具有操作性和颇具参考借鉴价值的案例，是出版发行业比较专业的实战型经济类图书。《书店革命》也是《关于支持实体书店发展的指导意见》发布后国内第一本有关实体书店转型升级的力作。真心希望这类图书对出版发行业起到积极的推动作用。

阎晓宏

国家新闻出版广电总局副局长，国家版权局副局长

CONTENT

目 录

THE REVOLUTION OF BOOKSTORE

002/ 第一章 "互联网+"时代，传统书店革命才能重生

002/ 第一节 实体书店转型升级是思维、模式、方式的革命

012/ 第二节 实体书店的转型要有文化的顶层设计

026/ 第三节 实体书店转型升级必须研究商业模式

046/ 第二章 用户思维、场景思维重新定义书店的价值

046/ 第一节 从产品思维向用户思维转变

054/ 第二节 从卖场模式向文化体验消费空间模式转变

060/ 第三节 从注重图书促销向注重场景营销转变

072/ 第三章　以阅读文化和读者心智为中心的空间设计

072/ 　　第一节　书店空间设计要为定位和运营服务

084/ 　　第二节　区域文化、阅读文化是书店个性化空间设计的基础

092/ 　　第三节　以读者心智为中心的体验感、场景感设计

102/ 第四章　多业态创新与文化融合让书店增值

102/ 　　第一节　对书店多元业态的重新定位

112/ 　　第二节　创新，书店多元业态经营的生命力

118/ 　　第三节　文化融合是书店多元业态运营的精髓

THE REVOLUTION OF BOOKSTORE

130/ **第五章 做有灵魂的书店**

130/ 第一节 转型升级的核心应是提升"文化力"

134/ 第二节 转型升级要有最美的追求

138/ 第三节 文化营销和跨文化营销传播是关键

152/ **第六章 再造有温度的内容营销与黏性营销**

152/ 第一节 内容营销是实体书店最有价值的营销战略

164/ 第二节 黏性营销是实体书店竞争的利器

168/ 第三节 提高读者忠诚度是书店可持续发展的核心要素

176/ 第七章　书店文化传播的新思维、新技术

176/ 　第一节　实体书店要提升社会化营销能力

182/ 　第二节　视频营销与视觉营销是效率最高的传播手段

188/ 　第三节　微信公众号是书店最佳的自媒体

198/ 附录一　三石关于实体书店转型升级文章精选

248/ 附录二　三石策划书店影像集

296/ 后　记

CHAPTER 1

"互联网+"时代
传统书店革命才能重生

第一章
"互联网+"时代,传统书店革命才能重生

第一节 实体书店转型升级是思维、模式、方式的革命

这几年,是实体书店跨越式发展的机遇期,是全国国有书店转型升级改造的高潮期,新华书店进入新一轮的门店转型升级装修阶段,各类型的市、县级新华书店经改装一新后频频亮相。同时,民营实体书店也逐渐回归,仅上海市2015年就新开了近十家,并各具特色。方所书店、西西弗书店、先锋书店等优秀书店,通过跨地区连锁扩张,成绩显著。

我为多个省的书店系统做过转型升级的培训。在一次培训课上,有一位经理问我这样一个问题:为什么重新装修后的现代感很强的书店仍然没有太多读者?我问他:何为现代感很强的书店?他回答:空间设计、货架等很现代。我回答他说:这不叫书店转型升级,只能算是书店重新装修。

有一位书店经理问我:有没有什么高招让读者不去网上买书而到实体书店来买书,让他们要买书就到新华书店。我问:能不能给读者一个到新华书店买书的理由?她理直气壮地说:一是因为我们书店卖的书是正版,网上书店有盗版;二是我们是图书发行主渠道、传播科学文化知识的场所、阅读推广的基地。我一时无语。其一,亚马逊、当当、京东网络书店的盗版早已杜绝,淘宝上的盗版也越来越少;其二,经理后一句话从理论上讲是正确的,但以

自我为中心做书店的传统思维，在移动互联网时代显得尤为落后，长此以往读者只会越来越敬而远之。

2014年11月13日，我曾在微博上写道："书店的转型和门店升级改造，不是空间装修和更新货架，而是经营模式的转型与内容文化的传播，要从经营图书转向经营内容，传播文化。当下，虽说有一些书店店堂装修越来越漂亮，使用材料也越来越先进，但仍用'冷'字来形容，没有温度。何为实体书店的'温度'？从硬件来说是空间的阅读感，从软件而言是读者的归属感和文化的感染力。做实体书店需要的是热爱与情怀，需要的是文化的积累和推动能力，缺了这些的实体书店，只能是一间冰冷的卖场。因此，对于书店的升级改造，如何从'卖场'转向'文化空间'是关键。"

我曾归纳这一轮升级改造后的个别实体书店出现的六大问题：
其一，全新的装修空间仍是个"图书大卖场"；
其二，缺乏创新的商业模式，经营方式仍然落后；
其三，书店没有温度，文化传播力偏弱；
其四，业态简单且缺少异业间互动，气场不合；
其五，营销活动仍为"促销"模式，没有文化黏性；
其六，提供了良好的体验硬件，但读者没有忠诚度。

我曾点评某书城的升级改造："如此转型升级，只是店堂重新装修，待你开业的那天，书店等于倒退了五年。"果然，书城全新装修后仅半年时间，该书城经理看到全国很多为读者所喜爱的新型书店相继开业，理念、模式、业态、运营都比自己的书城超前，后悔不已，说要进行全面的、彻底的第二次转型升级改造。

因此，实体书店的危机是思维的危机，思维的革命，才能重生。模式创新和转型升级是传统书店的自我革新与创新，更是一场新的革命。

我们要思考以下几个问题：

1. "互联网+"时代的实体书店如何重新定位？
2. 设计怎样的商业模式，实体书店才能生存？
3. 如何根据移动互联网时代读者的阅读行为和消费行为策划书店服务营销？
4. 怎样的个性空间能激发读者回归实体书店的欲望？
5. 实体书店如何拥抱移动互联网？

我们需要重新认识的几个观点：

1. 实体书店的竞争对手不是网络书店而是互联网消费习惯

从2002年到2012年，民营书店出现大面积倒闭。北京市"第三极""风入松""光合作用"等著名人文书店接踵倒闭。据全国工商联书业商会调查数据显示，全国有近五成的实体书店倒闭，总数有1万多家。当时，除实体书店租金等成本难以承受外，大家纷纷将矛头指向网络书店对实体书店的冲击，以及电子书的发展。至今，仍有一部分从业人员将网络书店视为大敌。我认为这

样的思维方式从根本上限制了我们的转型思维。当下进入移动互联网时代，手机成为消费入口，移动互联网消费习惯已经形成。全球管理咨询公司麦肯锡发布的《2015年中国数字消费者调查报告》的数据显示，只有16%的人会在线下掏钱买单，其余的都会在手机上解决自己的消费饥渴。目前消费者里面有30%的人已是手机购物达人，这个百分比再往后会越来越高。

也就是说，被智能移动终端武装起来的消费者全时在线和基于地点（LBS）的消费行为已经成熟，这才是我们在转型中需要研究实体书店如何应对的重点。

北京光合作用书房（五道口店），三石摄，2009年7月

2. 实体书店的竞争对手不是电子书而是数字阅读趋势

另一现象就是实体书店对电子书的反感，认为电子书冲击了实体书店。前些年有不少书店主动进入电子书领域，先是销售电子书硬件设备，如当年销售"汉王"阅读器风潮，一是增设名为"e书店"类的提供电子书下载的场所。而实质上，"数字化阅读"的概念已经不仅仅是电子书阅读的概念，更不是凭下载几本电子书就能解决的，尤其是当下移动互联网时代，除电子墨水屏阅读器、手机、电脑、平板等硬件外，微博、微信、博客、听书、图片、视频，甚至VR图书产品等等都属于数字阅读范畴。在碎片化阅读的时代，读者阅读纸质图书的时间和机会越来越少。那么我们如何应对这样的危机呢？什么样的书店才能吸引习惯于数字阅读的人们呢？

3. 移动互联网时代"销售场所"的概念已经扩展

传统的销售场所指集市、小型店铺、百货商店、连锁商店、超级市场、购物中心、自动售货机等等，在移动互联网时代，人们的消费模式已经发生了极大改变，消费不仅仅在实体商业空间完成，虚拟空间"销售场所"在"连接一切"的互联网思维下，均可成为销售入口。比如，手机新闻端一条新书发布会新闻的下面就可以点击链接进入购买界面，一个纸杯上的二维码也同样可以进入移动"销售场所"。同时，随着当下VR技术的成熟，淘宝已经开始进入VR销售模式时代，VR设备也将成为进入"销售场所"的入口。

因此，购书的愿望本身或是价格本身，已经不再是读者前往书店的充分理由，坐等读者上门的时代结束了。我们所要思考的是：

如何吸引习惯于移动互联网购物的群体及数字化阅读的群体回归实体书店。

所以说，实体书店的革命，首先是思维方式的革命，以往传统的思维方式和操作模式必须清零，一切转型升级重新开始。同时必须认识到，书店革

哈尔滨果戈里书店

命的主角是每一位读者，包括社交读者消费群、本地读者消费群、移动读者消费群等，我们如何拥抱这一群读者，这一群全天候、全渠道、追求个性的读者？

在果戈里大街上，有哈尔滨市面积最大的新华书店门店（6 000平方米），知名度很高。而黑龙江教育出版社与黑龙江省图书音像发行集团联合创建的哈尔滨果戈里书店也在这条大街上。2014年7月，当我接受策划这个书店的邀请后，认真地对哈尔滨城市文化、街道区域文化进行了系统研究并做了读者调研，同时做了创建新型书店的竞争分析。一系列的研究分析后，才对书店进行了初步构思。现在重新审视手稿，我认为自己的思维方式是正确的。

哈尔滨果戈里书店

(定位)：最美政求书店．
地标、城市旅游地标．
"文化地标"．空间．

o 差异化："精神贵族"读者身份体现．
  中高层读者． ☆品味．品种．气质．服务．
                VIP（只有实体店才能感受）．

o 空间设计 ← 体验感．归属感．阅读感．
  感官。   (温暖)！   ↓
                         包括城市政求文化
o 商业模式．   生活方式的归属感．
  体验型业态．
           众生
          （黏性??） (文化力)
o O2O互动．   个性服务
  支付试（移动）   精致服务
  新媒体体付播．   精准管理．

o 平台战略．   贴心．走心
o 场景感！阅读场景感！   温暖．
         象家一样的阅读空间．
                    2014.7.20

创建哈尔滨果戈里书店之后，我连续为五家新华书店进行了转型升级的策划。深深体会到，转型是一个涉及商业模式、转型落地策略、IT系统、内部运营乃至组织管理与文化的系统工程。

第二节　实体书店的转型要有文化的顶层设计

我看过不少书店转型升级策划方案,几乎都是分两大模块:一是图书业务版块,内容也就是社会科学、文化艺术、少年儿童等图书的分类而已;二是所需开拓业态,电子产品、文化用品、咖啡等,大型书城就会成立个"招商部"专司此事。举个典型的例子,一家书城共3 000平方米,传统的策划方案一般这样写:"第一层一部分招租给相关文化产品业态,如步步高等电子产品、眼镜店等,一部分是社科文艺图书;第二层为科技生活类图书、少年儿童图书;第三层为教辅图书……"这完全是传统思维中的图书大卖场策划,谈何转型?

当我指出这仍是在用传统思维在做书店,缺少技术性的"顶层设计"时,很多人不理解,甚至认为"设计"这个词是美术设计或是装修设计的概念。所以,反观实体书店的发展,在传统业务形态下已经形成了固定的模式,国有书店的同质化现象较为突出,在今天的转型升级中往往忽视资源整合和全盘设计的"顶层设计"。

顶层设计最早是个工程学概念，其内涵是站在全局高度，着眼从根本上解决问题，对某项工作或任务进行统筹谋划，确立科学的方略和思路，集中系统资源、整合系统要素、调整系统结构、协调系统功能，形成自上而下层层衔接、环环相扣的合力，高效快捷地实现目标。

当下，图书市场环境在变化，阅读需求和阅读习惯也在变化，对实体书店而言，千店一面和粗放经营的时代已经过去，这决定实体书店的转型升级已经迫在眉睫。然而，由于缺乏顶层设计，一些实体书店发展方向不明，经营战略缺失，导致转型升级后效果不佳。

我认为，实体书店唯有注重顶层设计，在对未来趋势前瞻性预判的基础上，进行系统性、体系化的战略规划，并把战略和利益分配挂钩，把战略与书店文化再造挂钩，才能实现真正的转型升级。

实体书店转型的四个层面应该是：思维转型、战略转型、管理体系升级与书店文化转型。

顶层设计有几个主要特征，可为书店转型策划奠定成功的基础：

1. 顶层决定性。顶层设计是自高端向低端展开的设计方法，核心理念与目标都源自顶层，因此顶层决定底层，高端决定低端；

2. 整体关联性。顶层设计强调设计对象内部要素之间围绕核心理念和顶层目标形成的关联、匹配与有机衔接；

3. 实际可操作性。设计的基本要求是表述简洁明确，设计成果具备实践可行性，因此顶层设计成果应是可实施、可操作的。

我在为黑龙江省牡丹江市新华书店做转型升级改造时，曾对牡丹江市的历史、地理、地域文化、当地读者的消费水平及消费习惯、图书消费需求等进行过深度研究。同时，对牡丹江新华书店现在的经营状况、团队状况，以及新华书店领导班子的各种社会资源进行过研究，对牡丹江市民营书店进行过考察，又对黑龙江省整体图书发行现状及同类实体书店的状况进行过分析，最关键的是我花了很多的时间研究牡丹江的中俄文化交流情况，考虑到牡丹江新华书店一直担负着黑龙江出版集团对俄文化交流的任务，以及已经有了很好的俄罗斯文化资源。我初步设计了如下的策划草案：

黑龙江省牡丹江新华书店改造策划草案

牡丹江市是黑龙江省省域副中心城市，也是东北东部地区重要的区域中心城市和黑龙江的重要开放门户。镜泊湖、火山口国家森林公园、雪乡、中东铁路遗址主要旅游景点，为中国优秀旅游城市，同时与俄罗斯接壤，是中国大陆最大的边贸城市之一。

其一，从前瞻性的角度去分析。牡丹江有着较浓的阅读氛围，实体书店拥有大批的忠实读者，牡丹江新华书店的图书销售一直在全省

新华书店
XINHUA BOOKSTORE
珂尼伽·午夜书房
城市人文生活美学空间
Полночный книжный магазин
KENIGA

玻璃幕墙 内暖灯射.
BOOKSTORE
KENIGA

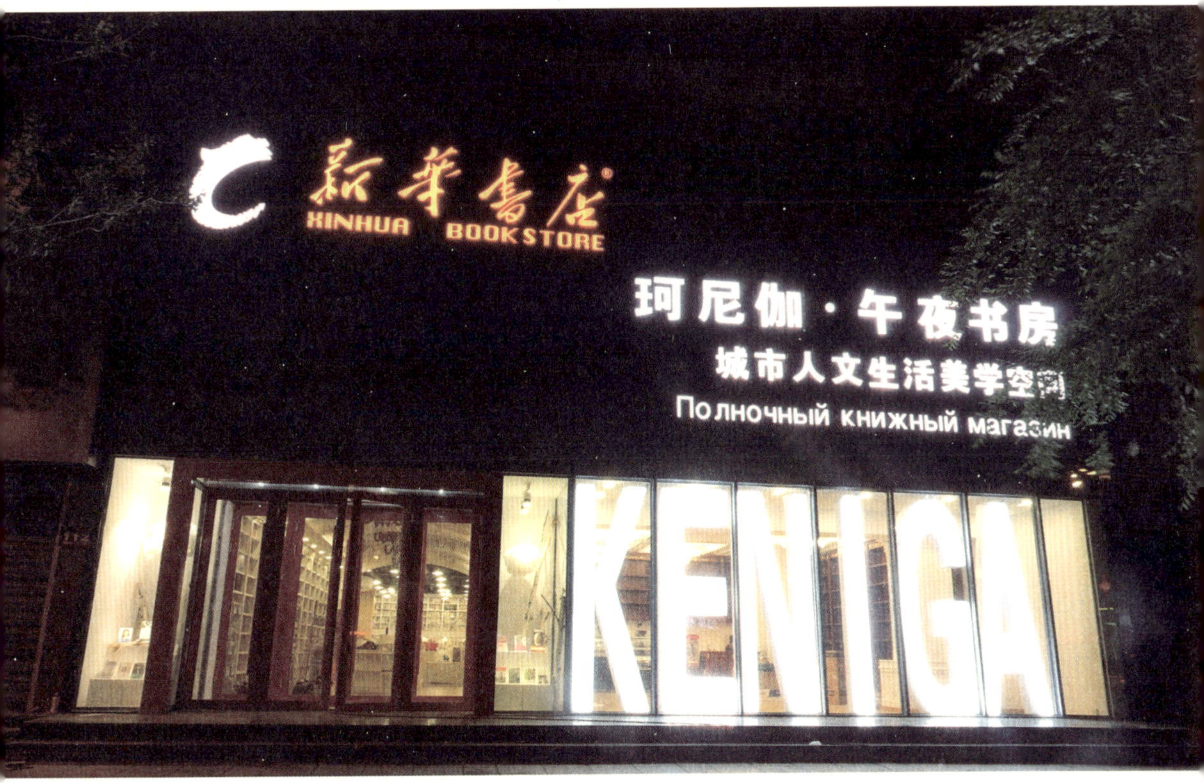

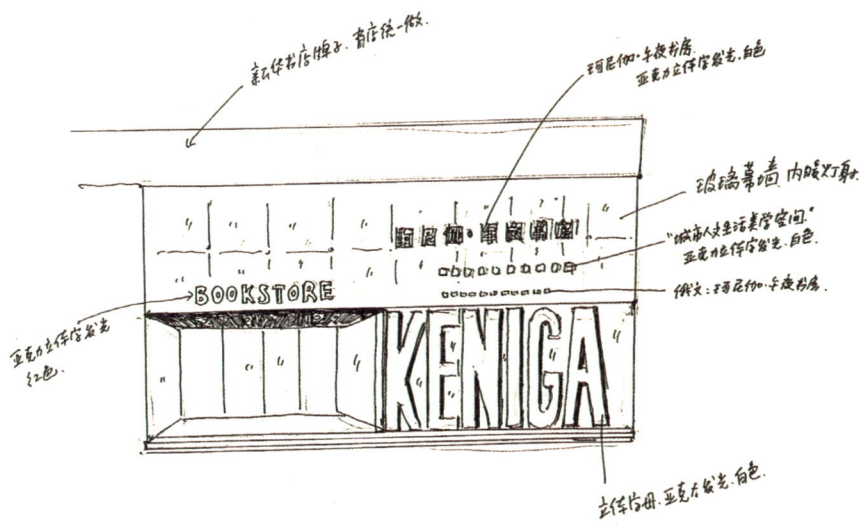

牡丹江书城设计草图

地市级书店中名列前茅。在书店停业改造期间,有不少读者甚至向市政府"告状",责问新华书店为何停业?何时营业?这充分说明读者对实体书店的热爱。另外,牡丹江新华书店一直担负着黑龙江出版集团与俄罗斯文化交流的任务,且成绩显著,也在俄罗斯拥有丰富的教育与出版资源。转型升级后书店前景甚好,可以用"多元文化交流平台""阅读文化体验空间"来给书店定位,一定会成为牡丹江市的城市文化地标以及中俄文化交流的"桥头堡"。

其二,从整体性和系统性的角度去分析,要体现多元性、复合式及中俄文化交流功能。一是在业态选择上要体现文化的多元与业态的复合,二是风格的多元化,这就和全国其他书城有着差异化的竞争优势及较强的影响力。三是资源和销售方式的多元化,在资源方面和书店曾经只注重图书销售有根本性的差异。同时,新华书店人员结构和素质、管理方式和能力也要调整提高。培训和引进人才为重中之重。"多元、复合、资源、管理、人才"是关键词。

其三,从方法论的角度分析,牡丹江新华书店的战略规划、商业模式设计、业态引进与体系创新、自有文化业态(或产品)研发体系都至关重要,其中,"平台战略"是设计思维的核心。

其四,从数据化分析的角度决策和管控。新华书店的升级,首先是要形成一套科学的决策机制和运营管理体系,学会用精准的语言去沟通,对市场信息、读者信息、竞争信息、销售信息都要进行精准的数据分析,运营系统也要标准化。比如,开业后每天都得有各楼层的销售数据分析,管理人员则要从成本、人力、品种等方面进行数据研究,及时提供解决方案。

其五,从科学化分解的角度去落实。再好的顶层设计只有落地了才有意义,顶层设计的"临门一脚"就是执行力。要将所有的设计研究后分解为各部门明确的任务,力求任务的标准程度和执行力度。这方面,我将配合书店管理层来完成。

我在以上顶层设计元素的基础上做如下初步策划:

一、牡丹江新华书店的升级定位
现代复合式中型书城,多元文化交流平台(尤其是中俄文化交流);
牡丹江首家"城市阅读文化体验空间和生活美学空间";
黑龙江首家"午夜书房"——"珂尼伽·午夜书房"。
注:"珂尼伽"为俄语"图书"的音译。

牡丹江首家复合式、体验式的文化休闲生活空间,以"文化、创意、时尚、融合"为关键词,涵盖"阅读学习、文化交流、文化创意、时尚休闲"四大功能。营造阅读文化和现代商业相结合的体验空间,从形象到内涵两个方面,将具有几十年经营历史的新华书店提升为城市文化地标和城市精神的象征。

一楼二层第一稿

全白色.
书架+楼梯+扶手.
扶手

书架
20-
上面
厚

↑2米↓
↑2米↓

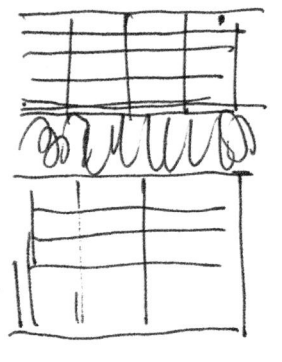

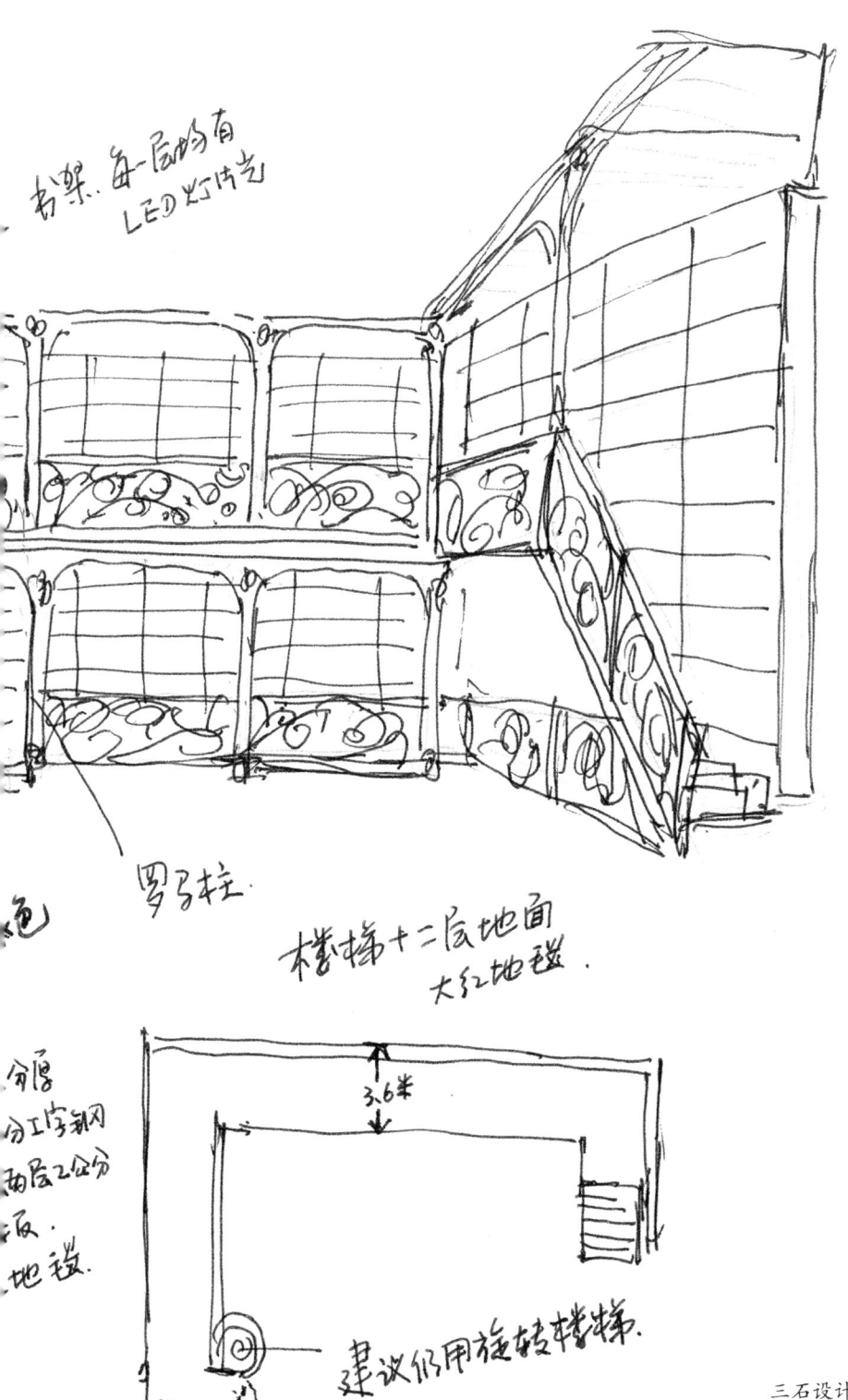

三石设计的牡丹江书城草图

二、牡丹江新华书店中心门店面积和名称策划

面积：共4 000平方米，四层。

策划店名：建议此中心门店改为"牡丹江书城"，因为牡丹江新华书店是书店统称，以后根据发展，可能拓展多个门店渠道。对于城市和读者而言，"牡丹江新华书店"没有辨识度，现在门店4 000平方米，为中型书城，建议此门店直接称"牡丹江书城"，方便读者辨识以及品牌传播。

注：原书店一层只有30平方米的过渡空间，其他一层均已经租给韩餐厅，严重影响转型后书店给读者的第一印象，体现不出新型书店的气质。建议收回已经租出的韩餐空间，整个一层1 000平方米均为书店。

三、牡丹江书城商业模式设计

（略，专题策划）

四、牡丹江书城空间设计风格定位

欧亚多元文化风格与现代风格相融合，局部个性阅读空间将以欧式和中国禅式书房体现。

注：空间布局与设计另行提供

五、楼层分类与业态策划

"牡丹江新华书店"共四层。

第一层:"珂尼伽·午夜书房"文化精品阅读馆

营业时间延长至午夜12点。为相对独立的营业空间,在经营上为小型"独立书店"模式。

第一层分为五个部分:

1. 精品畅销书(最畅销的图书),读者阅读与休闲空间;
2. 精品俄罗斯面包、咖啡、茶饮;

(设计两个独立空间:一是独立但能让读者直观的"俄罗斯面包工厂",这在国内实体书店为首家,建议在俄罗斯聘请面包师;二是设计一个独立的咖啡屋。)

3. 精品文具与文创产品、俄罗斯及欧洲经典礼品、中式文化礼品;
4. 珂尼伽花坊;
5. "朗读者计划"。

第二层:儿童阅读主题乐园馆,教育辅导学习馆

第二层分为六个部分:

1. 少儿图书馆。
2. 青少年文化展演舞台。
3. 亲子阅读主题绘本乐园。
4. 教辅读物馆。
5. 其他业态设计:
  (1)台湾品牌"左手右手"DIY体验中心;
  (2)学生文化用品;

牡丹江书城

（3）品牌校服项目（此项目充分利用书店与教育的优秀资源，为学校定制校服，二层以展示与宣传为主）；

（4）智点创科机器人天才学院体验中心；

该项目契合教育部关于加强青少年创科教育的宗旨，和北京创科机器人科技发展有限公司合作，引入集"教材+教学+教具+比赛+游学"为一体的智点创科机器人天才学院项目（具体策划另行提供）。

6. 西点、爆米花、冰激凌、饮料。

注：

1. 儿童区的活动营销是运营的关键，整合社会、教育部门、媒体资源；

2. 各业态的活动整合营销是关键。设计时尽量融为一体，运营与营销策划亦然。

第三层：品味阅读休闲馆

第三层分为五个部分：

1. 社科文学、艺术与生活、经济类图书及部分农业科技图书；

2. 阅读区穿插空间中，与书架整合；

3. 图书文化展演舞台（讲座、论坛、小型演出舞台与观众空间）；

4. VIP阅读空间；

满足阅读、研讨、会议功能的中型空间。风格定位为俄式书房，为中俄文化交流设立特色空间。VIP阅读空间采用会员营销，参考果戈里书店VIP会员制模式。

5. 中式阅读体验空间；

集明式禅意书房、茶屋为一体的小型空间，取名暂定为"镜泊茶坊"。

第四层：阅读推广空间

第四层分为四个部分：

1. 学生第二课堂；

提供大量学生阅读类图书，图书馆模式，免费阅读，方便学生放学后及假期时的课外阅读，此项目要和教育部门合作，并成为"青少年教育活动基地"；

2. 名家讲堂（独立空间）；

3. 智点创科机器人天才学院培训体验中心；

独立空间的阶梯教室。

4. 艺术画廊；

举办画展、展示俄罗斯油画、读者摄影作品等。

六、盈利模式

以经营图书为平台，以内容文化为推动，以图书、俄罗斯面包、咖啡、创新文具及少儿教育用品、文化艺术产品、机器人项目为主要赢利点。

提供VIP读者会员服务，以年费和储值方式提供阅读、购书、文化礼品、餐饮、活动等系列消费服务。

注：团队建设、服务、营销、传统媒体和新媒体推广另行策划。

策划：三　石
2015年8月20日

在我所帮助转型升级的书店项目中，我均担任"总策划"职务，承担10项职责，这是一组比较系统的策划，如果每一家书店在转型升级中能严格根据以下10项做好，基本会成功的。

1. 书店定位策划；
2. 书店商业模式设计；
3. 书店业务流程的设计与操作；
4. 书店文化业态整合策划与营销策划；
5. 书店风格定位与阅读文化空间设计；
6. 书店企业文化设计；
7. 书店品牌的策划及传播；
8. 书店文化营销与服务营销策划；
9. 传统媒体与新媒体策划及传播；
10. 书店团队建设。

这其中，书店商业模式的设计最为关键。

第三节　实体书店转型升级必须研究商业模式

一直以来，实体书店经营者少有人研究书店商业模式的。新华书店多年来以教材教辅为主要利润来源，零售模式简单，后来大力发展多种经营，也只是视作业务的拓展以及利润的补充，并没有从商业模式的角度去思考以及设计。一些优秀的民营书店虽说以情怀和热爱做书店，得到很多读者的支持，但其商业模式单一，经营也是十分脆弱的，遇到租金、库存、资金等等问题立即就面临倒闭的危机。

管理学大师彼得·德鲁克说过："当今企业之间的竞争，不是产品之间的竞争，而是商业模式之间的竞争。"

商业模式是企业发展的战略、技术和资源配置三者的核心。任何一种商业模式都是由客户价值、企业资源和能力、盈利方式的三维立体模式构成的。一个商业模式，是对一个组织如何行使其功能的描述，是对其主要活动的提纲挈领的概括。它定义了公司的客户、产品和服务，它还提供了有关公司如何组织、创收和盈利的信息。商业模式与（公司）战略一起，主导了公司的主要决策。商业模式还描述了公司的产品、服务、客户市场，以及业务流程。

商业模式是企业发展的方向、原点、基石，是任何企业经营的边界。如果你的边界找错了，那么你做的事情一定是徒劳无功的。

因此，新一轮的书店转型升级必须从制订成功的商业模式开始，这一课如果书店不补上，是无法实现真正转型的。需要警惕的是，商业模式的设计，并不是引进多元业态那么简单，首先要重新审视实体书店，并学会用互联网思维去思考，要针对不同区域的地理、经济、人文、消费者环境去重新定位，从而精准地策划新型书店的商业模式。

我在设计书店时遵循的观点是："产品只是入口，人是商业模式，这是移动互联网时代真正的商业秘密。"我提出："实体书店一定要用平台战略来设计商业模式，打造一个完善的、具有成长潜能的生态圈。而在平台战略中，图书产品和文化空间将成为黏合顾客的媒介。"我所成功策划的书店均能保持盈利水平，关键就在于商业模式设计准确，即以优质图书和优质阅读环境吸引顾客，同时运用文化营销策略提升书店的价值，让更多的人走进书店。热爱书店。实体书店可以提供给顾客的文化产品有很多，如画展、演出、专业讲座、咖啡、牛排、文创产品，以及文化旅游等等。因为，未来的趋势是从以商品为中心到以用户为中心，用户成为零售商最重要的资产和变现的基础。

三石设计的"歌德书店"草图

一草图 ③
2016.5.2

① 方案一 亚克力图柜遮光
② 方案二 吊子吊顶为临时性构图

石向

由书内向LED灯带

GOETH

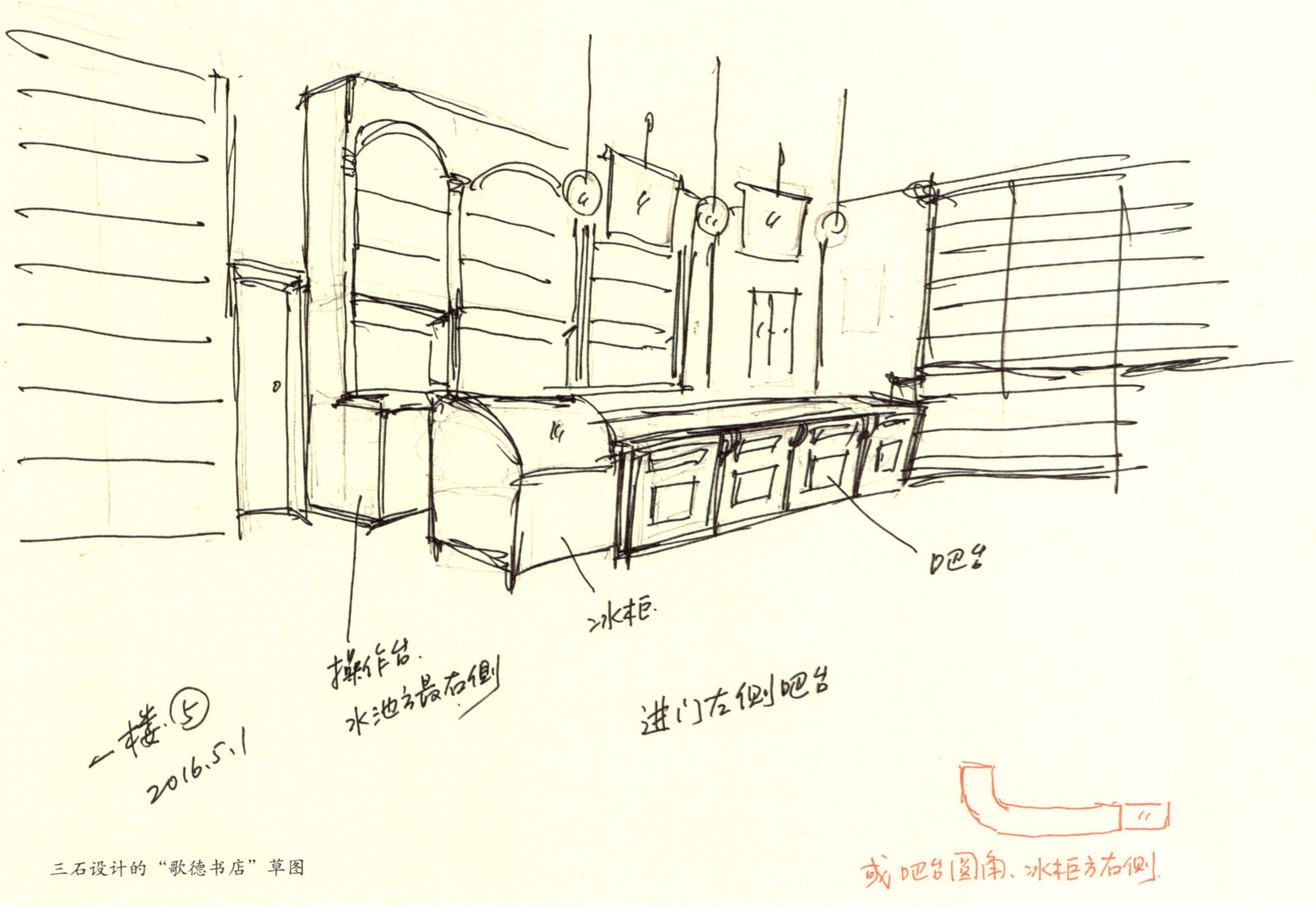

或 DB台（图1角），水柜呈弓形(如图)

书架

进门左侧@书架

水柜

水池或鱼池(如图)

大阶梯书台

一楼 ⑤

2016.5.1

三石设计的"歌德书店"草图

从理论上讲，成功的商业模式具有三个特征：

第一， 成功的商业模式要能提供独特价值。

有时候这个独特的价值可能是新的思想，而更多的时候，它往往是产品和服务独特性的组合。这种组合要么可以向客户提供额外的价值，要么使得客户能用更低的价格获得同样的价值，或者用同样的价格获得更多的价值。

第二， 成功的商业模式是难以模仿的。

企业通过确立自己的与众不同，如对客户的悉心照顾、无与伦比的实施能力等，来提高行业的进入门槛，从而保证利润来源不受侵犯。任何一个优秀的商业模式都有一套完整的、极难复制的资源和生产流程。

第三， 成功的商业模式是脚踏实地的。

企业要做到量入为出、收支平衡。这个看似不言而喻的道理，要想年复一年、日复一日地做到，却并不容易。现实当中的很多企业，不管是传统企业还是新型企业，对于自己的钱从何处赚来，为什么客户看中自己企业的产品和服务，乃至有多少客户实际上不能为企业带来利润，反而在侵蚀企业的收入等关键问题，都不甚了解。

独特价值、难以模仿、脚踏实地这三个特征，如今，同样是哈尔滨果戈里书店给人的印象。很多同行来哈尔滨果戈里书店考察学习，第一感觉就是无法模仿，这模仿并不是说空间设计，而是商业模式的内核。

同样，有很多优秀的实体书店就十分注重商业模式的设计，如广州方所书店，开在广州顶级商场太古汇，面积约2 000平方米，因集合了书店、咖啡、美学生活、服饰、画廊，被业内称为一种具有复合功能的新型商业模式。而以公司会员制为基础的上海天翼图书公司虽说不是实体书店，但其独特的商业模式一直令我佩服。天翼公司专向企事业单位和教育机构提供从图书资讯、度身筛选、购买到配送的一站式经理人服务，企业会员制是"天翼图书模式"的核心，就是以为一些经理人度身筛选的方式而使图书增值，以为企业提供咨询服务的方式创造公司价值。我在对书店同仁做培训时一直讲这样一句话："长期以来，我们传统书店只会使图书商品贬值，不会使图书商品增值。因为，我们一做活动首先想到的便是图书打折。"

媒体曾对国内实体书店商业模式创新进行过如下梳理：

模式1：围绕图书实施多种经营

代表：各地新华书店的文化MALL、北京万圣书园、南京先锋书店、贵州西西弗书店。

模式2：打通出版业上下游

代表：蓝狮子书屋、字里行间书店、蒲蒲兰绘本馆。

模式3：围绕图书创造全新业务

代表：杭州枫林晚书店、北京雨枫书馆、北京言几又、苏州猫的天空之城概念书店。

模式4：业外资本利用图书打文化牌

代表：北京三联韬奋书店海边公益图书馆、北京建投书店。

我在策划果戈里书店、普希金书店、阜宁书城、佳木斯书店、井冈山红色书店、牡丹江书城、歌德书店时，对其商业模式都进行了重点的设计。

以哈尔滨果戈里书店为例，正因为商业模式设计精准，才得以迅速发展，并很快体现出顾客价值及品牌价值。

以下是我当初为果戈里书店策划商业模式时的策划思维手稿：

果戈里书店商业模式：

用户思维，以顾客为导向。

股东（读者）价值主张——精神贵族。

强调平台战略、连接。   里宾空间经营
                                     服务影响中
模式、模块（三大块）   文化

① 复合、多元   有贵族气质
    精选图书，书店咖啡。   的文化空间
    专业西餐（自营，差异化，文化，记忆）贵族文化体验。
    文创（独有，自创，占30~40%利润）
    欧式婚礼（开业时即办一场）
    一定会成为书店独有的赢利模式。
    国内第一。

② 出版传媒。
    ① MOOK 杂志书。② 自有选题。③ 引进版里书的好书。
    最好能部分"果戈里书店"编辑部。   专业运作。

④ 推广做好。（这是强项！）

⑤ 视频、音频都要好。

   ⑥ 拓展产业：
       公共图书馆策划
       书店沙龙
                 2014.8

后来我根据商业模式九大要素模型对哈尔滨果戈里书店商业模式进行过再设计，力求创建其商业模式的差异性和独特性。

哈尔滨果戈里书店商业模式九要素策划

1. 价值主张

提供最优质的图书产品、文化产品、服务产品，打造中国精神贵族。以六个最美为核心："最美空间、最美品质、最美服务、最美体验、最美创意"。

2. 消费者目标群体

中高端阅读者，爱书者，对充满阅读感的最美阅读空间的追求者，长年沐浴在欧式建筑气息的哈尔滨读者，以区别于新华书店大卖场的大众读者群。

3. 分销渠道

文化营销、会员营销、口碑营销、新媒体营销、视频营销、分享营销。

4. 客户关系

"用文化撬动读者阅读的渴望""为读书人点亮心中最温暖的那盏灯"，以营造阅读氛围和服务阅读的理念，构建促进阅读、引导阅读消费和文化消费的客户关系。客户关系为非直接销售型关系（体现在细节上，如提供大量阅读空间和设置，让读者安心阅读，所有图书塑封允许读者拆除并阅读……）。

5. 收益方式

图书销售、图书借阅、会员销售（采用储值消费的会员制）、企业图书馆馆配、文创用品销售、咖啡饮料、西点、西餐、艺文展演、婚礼策划及小型会议策划与实施、编辑出版、按需出版、专业录音与制作、媒体策划、书海游学项目，以及其他活动营销收入。

6. 核心资源

黑龙江教育出版社优秀编辑资源及出版资源、优秀文字编辑部分承担图书管理员职务（不叫营销员），优秀美编担任书店媒体传播及文创设计业务，出版业务更是强项。黑龙江教育出版社选派有丰富的公司运营经验和出版经验的业务骨干担任书店执行总经理，黑龙江省图书音像发行集团提供优质图书货源，选派优秀经理负责图书销售管理。

7. 核心业务

图书零售、馆配、文创产品、艺文展演、出版策划、教育培训、咖啡与西餐。
注：书店欧式婚礼、艺文展演、绘画手工等将来逐渐成为准核心业务。

8. 关键合作伙伴

以平台战略、连接一切为商业模式的基础，吸引政府、工会、教育、金融等企事业单位的合作。争取吸引资本合作，规划品牌价值开发。

9. 成本结构

具体成本结构另行策划，但是必须强调的是，智力成本将是我们最优的成本结构，人才是第一成本！

策划：三　石
2014年

未来的企业竞争不再是产品和服务，而是商业模式的竞争，实体书店亦然。

2015年6月，我为江西新华发行集团旗下井冈山新华书店做转型升级策划时，首先想到的就是对地处井冈山市茨坪镇天街上现有新华书店门店进行重新定位，打红色文化和旅游文化牌，创建全国首家以红色文化为主题的书店。我曾做了比较详细的策划文案。

井冈山新华书店转型改造策划草案

井冈山被誉为"中国革命的摇篮"和"中华人民共和国的奠基石",是国家级重点风景名胜区。2016年以来,井冈山旅游业空前发展,上半年全市接待境内外游客130多万人次,实现旅游收入6.47亿元,同比分别增长67.07%和76.92%。同时,以中国井冈山干部学院为龙头的各种干部培训机构,每年向井冈山输送高端人群不计其数。先进性教育和爱国主义教育成为红色旅游的新亮点,2016年1月至6月,全国各地有370个单位、550多所院校、近千个基层党团组织前往井冈山参观学习,接受革命传统教育。在井冈山开展"重温入党誓词"等活动的党员和开展爱国主义教育活动的在校学生人数分别为7.7万和9.6万人次,分别占游客接待总人数的5.7%和7.1%。

井冈山新华书店位于井冈山市五井路天街,原主要读者为井冈山市市民,担负着提供教材教辅及一般图书的使命。但近年来,井冈山成为纯旅游城市,井冈山市委、市政府行政中心迁至距景区29公里的厦坪新城办公,近百家企事业单位和部门也随之搬离中心景区。井冈山新华书店门店的读者锐减。虽说近年来井冈山书店的经营走入困境,但从整个井冈山景区旅游及红色教育的前景来思考,井冈山书店却面临极佳机遇,需要从业态、服务、空间等方面重新定位。

一、项目地址

所在城市:井冈山;
位置:五井路天街(原井冈山新华书店);
一、二层楼共400平方米。

井冈山红色书店

二、项目名称

方案1："新华书店"；

方案2：创品牌"中国红色书店"，如能冠上"中国"二字更牛，不行就直接以"红色书店"为名，这将是中国首家"红色书店"，如同意此方案，就尽快注册商标。

三、项目定位

1. 中国第一家"红色书店"；
2. 集红色文化与井冈山旅游文化于一体的特色书店；
3. 集红色文化理论研究、大众阅读、红色文创于一体的文化空间；
4. 井冈山旅游文化的新窗口新形象；
5. 针对井冈山人，则是井冈山最美的阅读文化空间。

注：如此定位，一是会成为国内的新闻事件，无论是从红色文化板块、旅游文化板块、书店文化板块来说都是亮点，甚至会得到中央的重视；二是成为井冈山旅游的新文化景点。

用此策划吸引井冈山地方政府关注，还可以赢得政府的文化产业基金投入，提供红色文化产业新抓手。

四、消费者定位

1. 井冈山红色文化研究的全国专家学者；
2. 井冈山参加培训的干部及参加爱国主义教育的群体；
3. 全国旅游者；
4. 中国出版业从业人员；
5. 井冈山当地读者。

五、书店空间的设计风格定位

一楼临街,主要形象及红色文化图书展与红色文创产品展示,二楼为图书与阅读空间。

空间设计和装修风格:其一,用现代设计风格,与当地司空见惯的大红大绿民俗风格形成强烈对比;其二,以红色文化元素为空间设计主风格,既有红色文化内涵,又能体现现代文化气息。

六、业态、经营项目策划

1. 图书。

(1)井冈山红色文化题材图书;

(收藏和提供全国最全且最权威的"井冈山"题材图书,无纸质图书的则提供电子版本。即成为中国井冈山红色文化研究基地)

(2)精选最畅销人文社科图书;

(3)少量少儿图书,满足茨坪镇小读者的需求;

注:教育类图书同样满足茨坪镇读者,但建议不出样。

井冈山红色书店

2. 音像资料。

（1）关于井冈山题材的音像出版物；

（2）搜集最全的关于井冈山红色题材的音像资料，如电影、纪录片、研究影像等等，全数字化文件收藏，由省店负责向全国拷贝与收集。一是提供给干部学院；二是书店内承接全国性红色文化小型研讨会用；三是平时可循环播放。

3. 承接红色研究及旅游研讨会。

（1）与干部学校合作，策划及举办红色文化高端研讨会与论坛（二楼专辟小型研讨空间）；

（2）负责接待中国出版界各位同仁，提供政治思想教育座谈、红色文化出版研讨及选题策划研讨空间；

（3）为出版界提供专业的井冈山红色文化导游服务。

注：此项目定位为"红色文化旅游系列产品"，就是旅游产品项目，要成立旅游公司，或与旅游公司合作，主要服务对象是全国新闻出版行业（含各媒体），包括出版社、书店、印刷厂以及各图书馆。

4. 红色文创产品研发与销售。

这是书店盈利的重中之重。由于现阶段井冈山的旅游产品千篇一律，所以书店要从文化的角度，整合当地旅游资源，打造专属"红色文化系列文创产品"。

（1）红宝书。定制毛泽东精选文章，出版成红宝书样式，作为纪念类图书产品。

（2）红米袋。制作红军背式米袋式样，这在井冈山是非常有创意的产品。

（3）红色本子系列。制作有井冈山风景插图、红色内容照片插图、红色书店插图的本子。

（4）红色特产系列（包括红米袋）。

红米、茶、酒、石耳、笋尖、竹荪、茶树菇、熏笋等，所有包装设计为红色书店的风格，以区别于井冈山各旅游商店的相关产品。

（5）瓷器。关于红色题材的瓷器，去景德镇定制。

（6）笔、布包等。有红色书店LOGO、井冈山LOGO的各类笔。

（7）手机壳、小型电子产品。可私人定制有红色书店LOGO的样式，这在井冈山是独有的创意。

七、盈利模式

以经营图书为平台，红色内容文化为推动，以图书、会议、旅游、文创产品，以及咖啡、茶水等饮品为主要盈利点。

注：服务、营销、推广另行策划。

用户思维
场景思维
重新定义书店的价值

第二章
用户思维、场景思维重新定义书店的价值

第一节 从产品思维向用户思维转变

多年来，书店的营销与服务习惯是以图书产品为中心，无论是空间布局、图书陈列分类、书架设置，还是服务构成，都是围绕传统书店图书业务模式来设计和运营的。所以我们的营销一直停留在"促销"的层面上，我们的业态选择也一直停留在文化用品或是直接出租空间的层面，没有从读者的角度去思考他们需要什么，如何围绕他们去提供产品及服务。所以书店对读者没有黏性，读者在书店也没有归属感，只有功能性选购，没有忠诚度。

我一直在思考这个问题，考察不少的传统书店，总觉得书店应从观念上根本性地改变。我越来越感觉到互联网的"用户思维"恰恰是我们实体书店应该学习和借鉴的，这是实体书店转型中转变思维方式的基础。因此，我想到了我们能否将"读者"的概念外延化。

将"读者"转换为"顾客"更精准。

多元化、复合式经营的实体书店应强化用户思维，将"读者"转

换为"顾客"更精准。因为传统书店长期以来用"读者"这个概念去思考经营模式，必然会局限在向读者提供"图书产品"这样的层面，这与当下数字阅读及移动互联网时代读者精神和文化需求有差距。实体书店作为零售企业，过去是经营实物（图书），现在应是经营用户——实物是手段，用户才是资产。也就是说，从"产品思维"向"用户思维"的转变，才是实体书店转型升级的核心。

"产品思维"，顾名思义是用产品的形态来满足用户需求的一种思维模式，最终的思维聚焦点在"物"上；"用户思维"是用心去满足用户需求的一种思维模式，最终的思维聚焦点在"人"上。虽然最终目的都是市场和利润，但因为思维聚焦点不同，所以现实着力点也会大不相同。

在"产品思维"下，因为聚焦点在产品上，所以虽然强调用户需求，但事实上很难真正做到这一点。而"用户思维"是指在价值链的各个环节中都要以用户为中心去考虑问题，切实注重用户的需求和体验，强调从产品、服务、文化、精神等各个层面满足用户个性化、多样化的需求。按照马斯洛的需求层次理论，显然"用户思维"可以满足更高层次的人的需求，这也是互联网时代的主流思维模式。

运用"用户思维"，就要将产品做精做细。"用户思维"讲究体验至上。好的用户体验应该让消费者在消费的每一个环节上都感受到关注，这就要求企业从定位到研发、从设计到包装、从产品到服务，时刻站在消费者的立场上，尊重并满足他们的喜好。

实体书店如何以顾客为中心,设计以顾客为导向的流程,让顾客到书店来,而且反复来?我们要理解顾客,吸引顾客,将顾客留在实体书店这个平台上,这不是仅仅设计个漂亮的书店空间那么简单的事儿。

以顾客为中心的书店新考量方式:"平效+人效+频效"。

不少传统书店的同仁来哈尔滨果戈里书店以及其他我策划的书店参观,进入书店后,发现书店空间布局并不像传统书店那样书架林立,大多空间为消费者阅读使用。因此,他们会目测书架数量,以自己的专业经验在心中默默估算可能陈列的图书数量以及图书品种数,同时询问书店营销人员图书销售现状,最后进行销售的评估以及盈利与否的判断。曾有一位书店同仁很武断地对我说,果戈里书店营业面积1 000平方米,图书才1万多种,单位面积的图书量明显不成比例,一是不符合要求,二是不可能盈利。

果戈里书店

我清楚，传统书店都是以"平效+人效"作为考量指标的。我问及他，那你的书店标准平效的图书动销比例是多少？比如，你1万平方米的书店，陈列图书20万种，那平均动销品种有多少？来书店有多少人次？反复来的人有多少？我知道，一般而言，传统书店一般能动销的图书也就30%，有70%的图书是常年销售不了的，而且国有书店不像图书馆那样可以永远陈列，必须随时更新，保证在架图书是新版图书，过期限且滞销的图书必须退货。如果我们以卖场作为图书全品种备货的场所，那你能备得过亚马逊这样的网上书店吗？况且这些大型网络书店几十万种图书的备货是在各出版社的仓库内的。另外，大多书店经理对来书店的人流有一定的统计，但对统计反复来书店的顾客的客流量没有意识。这便是传统书店经营的统计概念。我和这位经理讨论了以上的问题，我再次强调，如果书店空间全是书架，那只能是传统大卖场的概念。

在传统书店系统的考核中，一般是"平效""人效"。

"平效"一般指年度平效，也有的店铺同时采用月度平效，即"平效=销售业绩÷店铺面积"，每平方米效率越高，卖场的效率也就越高，同等面积条件下实现的销售业绩也就越高。"人效"，顾名思义，即人的效率，人效同时也是用来衡量企业人力资源价值，形成一种计量现有人力资源获利能力的指标。"能效"是指为终端用户提供的服务与所消耗的总能源量之比。通过这个指标可以知道每个人在店里的贡献是多少。"人效=月平均销售额（毛利额）÷月平均工作人数"。我认为，对转型升级为综合文化消费空间的实体书店而言，必须改良实体书店这种考量计算公式。

新型书店考量方式："平效+人效+频效"。

"频效"，不仅仅是考核书店的客流量，还要考核顾客反复来店的频率。也

江苏阜宁书城

就是说,我们用空间、品种、服务让顾客来,并反复来。高频效,才能体现书店对顾客的高黏性。

实体书店如何实现高频效,这就关系到书店综合文化体验空间的吸引力,以及以顾客为中心的服务营销及文化营销能力。

因此,我在策划书店经营考核时提倡"平效+人效+频效"的考核方式。

用这个新思维来策划书店,是将顾客放在第一位,所有的流程都要围绕着顾客去设计。我策划的几家书店,转型前与转型后有天壤之别,最明显的变化就是读者对书店的热爱,客流量猛增,反复走进书店的读者越来越多,使逛书店逐渐成为当地市民的一种新的生活方式。

实体书店还必须以价值链的各个环节为基础,建立起"以用户为中心"的企业文化,只有深度理解用户才能生存。

虽说我在书店转型升级中强调将"读者"概念转变为"顾客""用户"概念,但对外还是称"读者"。

在此,有几个关键词与大家分享:

认同感,归属感,参与感,体验感,极致思维,爆品思维。

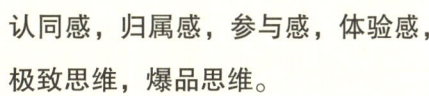

正因为我理解并紧扣这几个关键词去策划书店转型,才能使实体书店在正确的转型升级的轨道上快速前行。

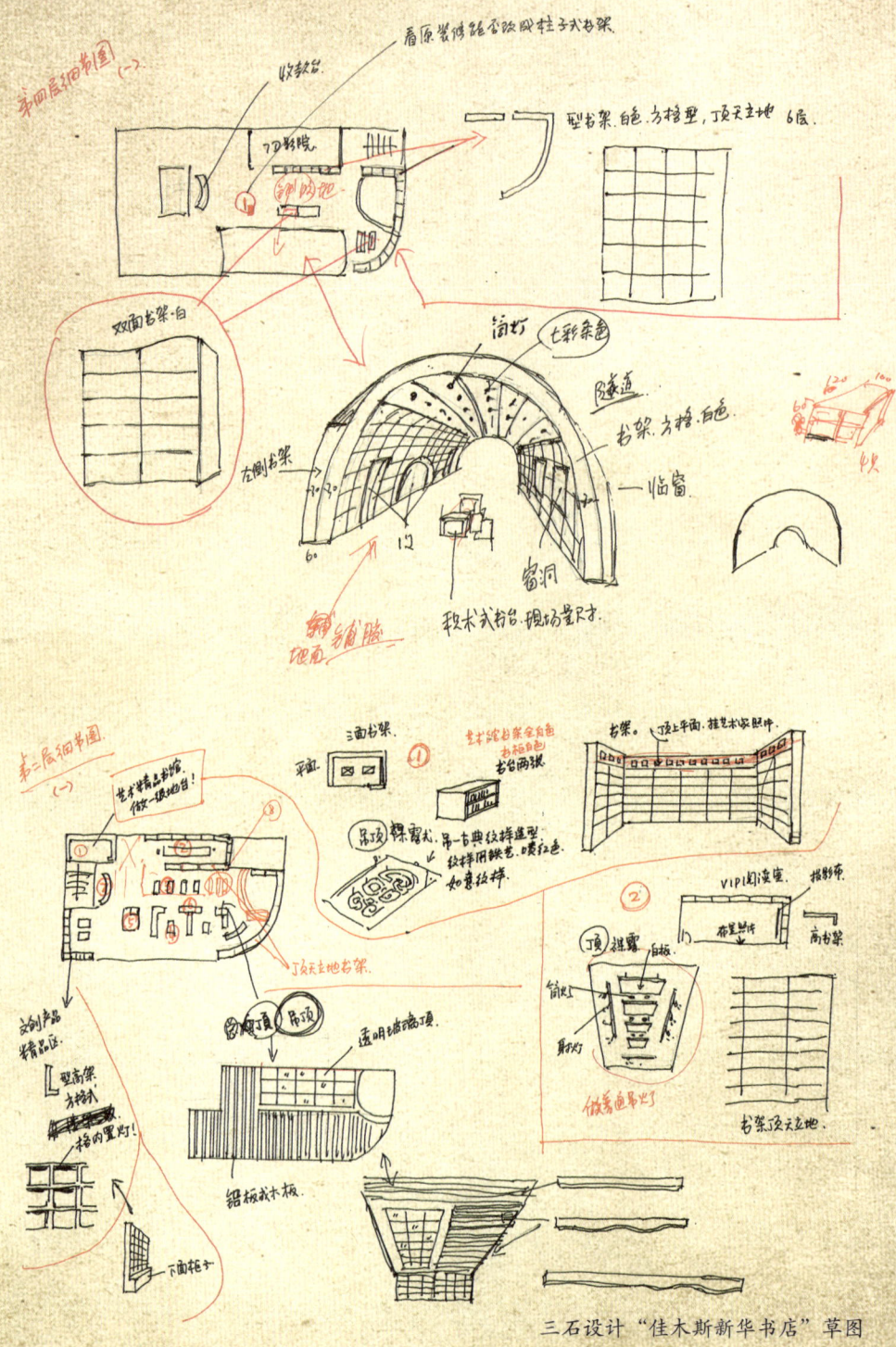

三石设计"佳木斯新华书店"草图

用户思维、场景思维重新定义书店的价值 053

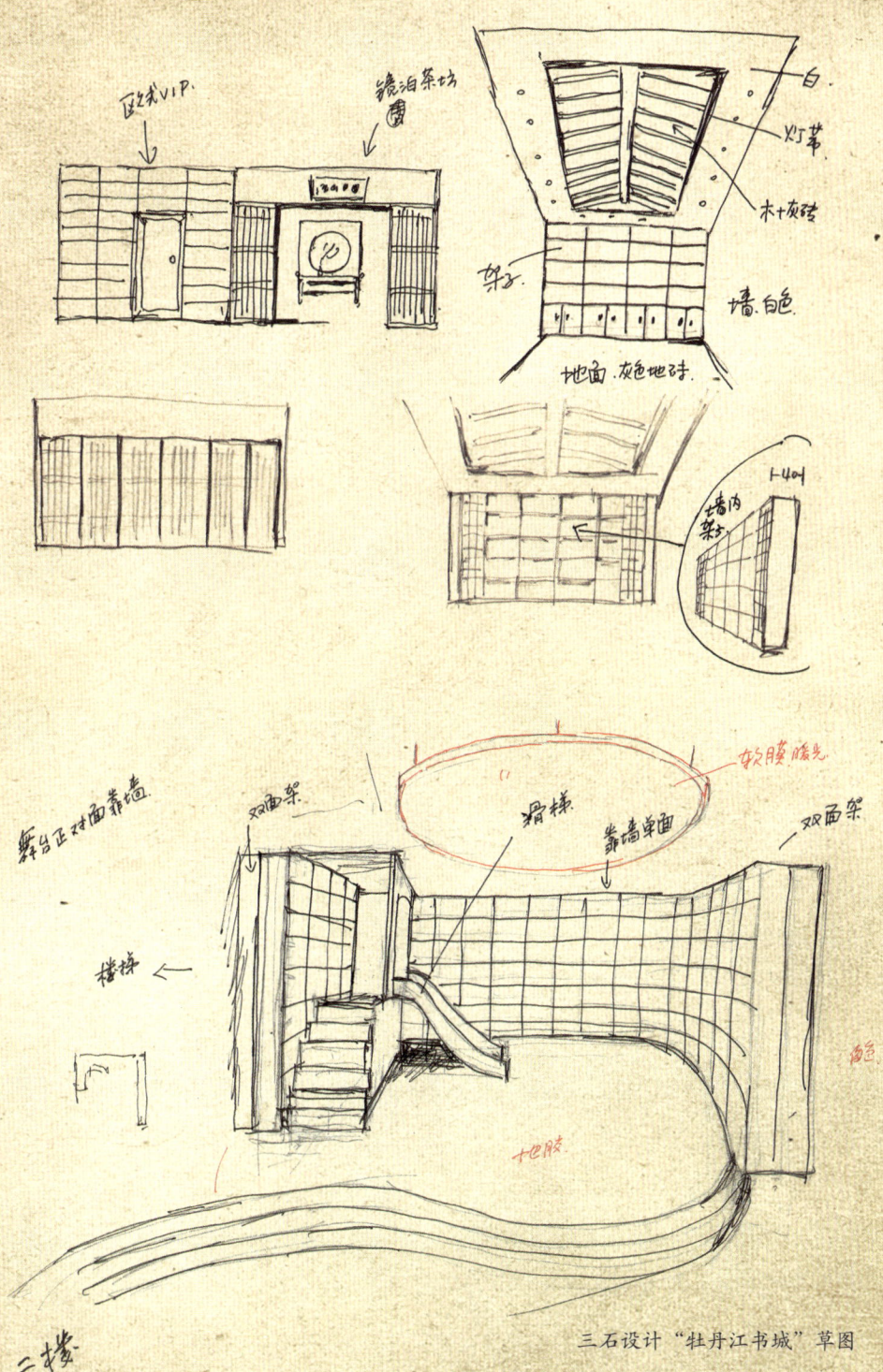

三石设计"牡丹江书城"草图

第二节　从卖场模式向文化体验消费空间模式转变

多年来，实体书店的运营思维定式一直是"卖场"概念，即销售商品的场所，即便是小型的书店，也同样是"卖场思维"。这种传统思维固然会放在"产品"和"销售"上，影响着文化产品经营与服务的格局与创新。当下，在大众消费结构上，人们的需求已经从传统的吃、穿、住功能类需求向文化精神类消费需求转变，而精神的需求不仅仅是对图书本身的需求，还需要多样化的阅读文化和文化消费体验。目前，一些转型后的实体书店仍是摆满书架以售卖图书为目标的"卖场"，所以，我曾明确表示，我们应该主张实体书店向综合文化体验消费空间转型。简单地说就是从"卖场"向"文化空间"转型。在经营上，要从卖书向卖文化转变，再进一层次，则应从卖文化向做文化转变，只有这样，实体书店才能重生。

《关于支持实体书店发展的指导意见》中提出的"支持大型书城升级改造，建设综合性文化体验消费中心"，是对大型书城全面升级的精准定位。其"文化体验消费中心"强调了书城所提供的空间、业态与服务必须满足读者精神层面的需求，彰显其社会价值。这对当前大型书城改造及一些地区推广的地产式书城文化MALL的指导相当及时。

"文化空间"是指在一定的周期里不断地来表演（展演）传统文化艺术的一个场所，它兼具时间性和空间性。同时，"文化空间"也具有公共性、服务性。大容量的文化综合体是以文化生产为基础、文化体验为特色、文化休闲与文化商业为重点、创意产业为延伸、与会展商务相配合，以及行政办公，综合商业、其他服务业、总部基地、居住等互补的泛文化产业的整合。文化综合体，需要以多产业聚集的文化产业为主导，以泛文化产业为发展思路，多角度审视文化资源，开发大文化视野下的文化产品。如一些大型的文化MALL，以及诚品书店都是文化综合体的运营思路。

《哈佛商业评论》认为，在商业活动中，体验就是企业以服务为舞台，以商品为道具，围绕着消费者创造出值得回忆的活动。体验型商业空间意在创造一种人性化的开放式空间和互动式的综合性空间，通过对商业空间环境的建筑形体、空间形态、界面形象、陈设造型及色彩光影等进行多方面的设计和营造，强调消费者在消费过程中对消费环境产生立体的感官享受和丰富的心理体验，进而巧妙而贴切地控制消费者的购物心情，在不知不觉中诱发消费者的购物冲动。体验型商业空间环境的营造有情境体验、主题体验、超现实幻象体验等类型。

1. 情境营造的综合体验

明代诗人祝允明说："身与事接而境生，境与身接而情生。"情境体验是一种综合性体验，是将商业空间环境塑造成某种特别的、具有与审美相关的情感意义的场景，鼓励消费者在感官体验的基础上享受即时感受，因心理上的认同，而产生情感上的共鸣，最终改变消费行为。这也正是商业空间环境体验功能的意义所在。

2. 主题纷呈的文化体验

从体验式营销模式来说,体验需先设定一个"主题"。主题式体验型商业空间是以设定主题为核心,结合各类业态特色和多种空间处理方法,设计商业空间的"性格",把其打造为"有故事"的主题空间,以吸引目标人群体验,并诱导消费。它是商业体验空间的重要类型。在这方面,实体书店更容易实现,因为按照图书内容分一分类就是一个个丰富的文化主题。

3. 感受书香的阅读体验

阅读体验是实体书店最重要的体验感,无论是书店的空间氛围还是服务与营销都要讲究阅读体验感。其一,要讲究空间设计的阅读感。我走过国内外不少的书店,无论是大型的书店还那种街角书店,无不浸透着浓浓的阅读感,让人无比亲切。有的书店小到就像是家中的一间书房,但我却

有一整天泡在这家书店的冲动,不愿离开。我在美国纽约全美第二大连锁书店鲍德斯书店里泡过一天,鲍德斯书店曾是书香、品位、便利等等的代名词,被评为美国最舒适的书店,我就喜欢它的阅读感。如果鲍德斯书店坚持到现在,一定会复活。我比较反对为设计而设计的没有内涵和灵魂的书店设计,除了吸引顾客的眼球外,没有任何阅读感,结果是大家去参观一下就走了,留不住人。因此,我在设计书店空间时特别注意这一点。其二,体现阅读体验的就是我们围绕图书内容开展的文化传播活动。比如,我策划的国内首个"朗读者计划",就是一种较好的阅读体验活动,现在已经成为实体书店著名的阅读文化品牌,被《人民日报》和中央电视台报道。另外,果戈里书店一年500场的文化活动,有70%都是阅读体验活动,深受读者喜爱。

纽约鲍德斯书店

4. 用品种换空间

"用品种换空间"是我策划书店体验感的重要观点，即压缩图书陈列品种换来空间的阅读感和体验感。从四方面实施：一是长年不动销的书店品种不上架。二是加强网络查询建设，读者需要的图书，从库房或出版社调取。三是尽量设计墙边的高书架，增加陈列品种。这样，留下更多空间布置阅读区域和体验活动区域。有的书店，我直接采用台阶式设计，并铺上温暖的地板，让读者可以席地而坐，去阅读。

第三节　从注重图书促销向注重场景营销转变

实体书店多年来都在努力进行营销创新，但是，常常是营销成本上涨，营销效果却越发不理想。分析原因，我们的一些活动还是停留在传统的"促销"层面，如图书打折、签名售书，销售抽奖、图书展销等。所谓创意营销也仍然处于即时促销"点子"阶段，缺少整体的营销策略和营销模式。现在，在消费者习惯于互联网时代的社交营销、内容营销面前，实体书店的营销水平确实迫切需要提高。

应该说，在移动互联网时代，实体书店图书打折式的、"硬推"促销形式已经过时，文化营销和跨文化营销应是实体书店营销的主要战略。不过，在此我想先和大家分享的是实体书店的场景营销。"互联网+"时代的真正本质是场景时代的来临，传统商业模式的品牌、营销、渠道、设计、研发、市场、公关、销售和连接方式正被场景重新塑造，而场景的本质是对时间的占有，拥有场景，就拥有了消费者的时间。可以说，人们喜欢的不只是产品本身，而是产品所处的场景，以及场景中自己浸润的情感。人们需要更多场景来满足自己的不同需求。

今天所有的商业，归根到底都是场景之争。

我曾在一篇文章中指出："实体书店的复苏得益于国家对全民阅读的推动，以及对实体书店政策上的扶持，同时也得益于体验经济的兴起。实体书店是连接人与人、人与书、人与书店的文化空间，网购图书也好，数字阅读也罢，永远无法体验到纸质图书的那份温暖，无法享受实体书店提供的丰富感知。实体书店的复苏其实是读者'场景需求'的回归。"在我做的这几家书店里，已培养了一批忠实的书店粉丝，常常会约朋友在书店相聚。他们在共同体验传统阅读的同时，感受浓厚的阅读场景感所提供的那份温暖。

从商业角度而言，实体书店最大的魅力在于构建了一个真实的场景。无论是用服装与书店联姻来勾画未来生活形态的"方所"，还是打造美学空间的"走心"，亦或是学习宜家公司打造家居生活场景的"罗莱"，以"基本款+大牌"贩卖生活方式的"优衣库"，这些都在证明：一个精心装扮过的店面，可以更好地"讨好"消费者。

现代商场，要促进消费，就要延长顾客在商场内的体验时间。体验的时长和深度，与购买的可能性成正比。要延长体验时间，加深体验感受，最佳方式就是注入文化，从而引发情感互动，勾起审美趣味。同时，通过技术来重构购物场景，实现与消费者的深度沟通，使其甄选高附加值的商品。

场景就是一种心智影响力。一个企业或一个品牌通过推广它的"价值"来吸引人们关注，从而实现消费的持久性。

对于实体书店来讲,唯一能够不变的就是对消费者的服务,是让实体场景不断地成为消费者的社交场景。由此来看,应该说,我们实体书店的空间、价值远远没有被挖掘出来。

如今的消费者需要更多场景来满足自己的不同需求,体验更有质感的生活。而进入实体书店这样的文化空间读书的人更需要高品质

井冈山红色书店

的、具有场景感的文化生活。

另外,互联网时代、碎片化时代要求新型书店要有高辨识度,要能黏住顾客,吸引顾客常来。这就更需要有场景感。

所以说,实体书店同样需要围绕"场景"转型。

在策划井冈山"红色书店"时,我就充分运用了场景营销的理念去实施。具体策划在第三章与大家分享。

橱窗是书店最美的场景

有一种说法,看一个城市的流行水平,就应该去逛逛城市里的百货商场;而要评价一家品牌店的档次与定位,就应该看看它的橱窗。

方寸之间的小橱窗,通过奇思妙想的布局与最新流行元素的混搭,已经不仅仅是对产品的展示,更多的是代表了品牌理念乃至对时尚的引领与解读,或者最大限度地诠释自己的品牌理念和内涵文化的积淀,激发起潜在顾客的共鸣和购买欲望。

俄罗斯莫斯科新阿尔巴特大街"书屋"书店橱窗

在20世纪90年代之前,全国新华书店的橱窗都是标配,包括镇新华书店几乎都有橱窗,起到宣传政治、文化以及图书的作用。很多省市新华书店均配有专业的美工团队,各地新华书店的橱窗多年来一直是城市独特的风景,甚至成为橱窗艺术的代表。

20世纪90年代初,随着城市的改造工程,各地新华书店也经历了拆迁及重建,那个时期书店的重建,让新华书店的橱窗都随之消失了,鲜有书店还有专业的橱窗展现。

我一直有书店橱窗情结,总感觉橱窗是书店最美的场景,更是书店文化的体现。在欧美国家,无论书店规模大小,均保持着橱窗的传统。著名的莎士比亚书店橱窗已经成为独特的书店文化符号。

书店橱窗内的图书作为文化的载体，兼具内容文化和引领阅读的功能，书店橱窗可以用视觉呈现的方式赋予书店深厚的文化底蕴与阅读气息，更容易获得读者的认同与青睐，这对于提升书店品牌文化和阅读文化品质无疑具有重要意义。

同时，橱窗是书店向外界传递信息的展示窗口，除了以书籍陈列、海报、道具及精致的场景感吸引读者的眼球外，优秀的橱窗是对人们发出的热情邀请，你可不看店名便知这是书店，从而激发你的阅读兴趣。2014年，我在俄罗斯莫斯科新阿尔巴特街上的"书屋"书店外看到书店橱窗精致无比。其超强的场景感令我十分吃惊。橱窗完全是场景化的设计，而且橱窗内的造型都是活动的，吸引读者驻足观看，这是我看到的场景感最强的橱窗。

于是，我策划了"复兴中国实体书店橱窗艺术"的计划。从哈尔滨"果戈里书店"开始，其他六家书店我都设计了大小不一的橱窗，对提升书店品牌形象、促进图书宣传都起到了不可估量的作用，并成为当地一道独特的文化风景。

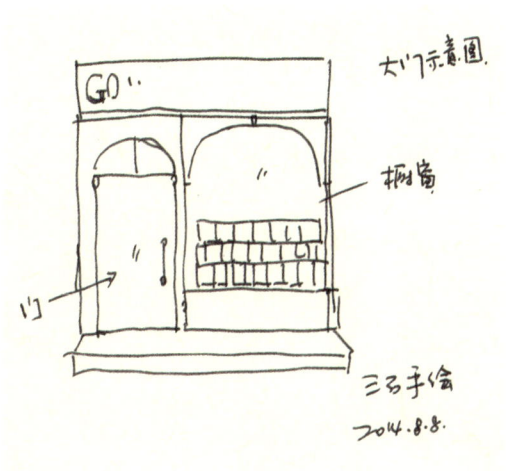

果戈里书店欧式橱窗

"朗读者计划"也是一种阅读场景的营造。

"喜悦、忧伤、悲苦、激情、感动、共鸣……朗读,让文字充满你的灵魂。"每天20:00—20:30,在哈尔滨果戈里书店、黑河普希金书店、佳木斯新华书店、江苏阜宁书城、井冈山红色书店和牡丹江书城同时响起读者的朗读声,或抑扬顿挫,或悠长婉转……这就是我首创的实体书店"朗读者计划"活动。近两年,它已成为实体书店中传播面最广的书店文化品牌活动,为江苏、山东、广东、云南、青岛等省市几十家书店所引进。

这是一个阅读场景感极强的活动,我对这个活动的包装文案是这样写的:"朗读,用发自自己内心的声音,感动自己,感染别人。"这句话感染了许多读者,激发了读者踊跃参与的热情。

多年来,我一直想策划定时的长期举办的"朗读者计划",以此激发读者阅读的渴望。终于,当有机会策划哈尔滨果戈里书店时,我实现了自己的这个梦想。我是这样策划的:书店365天无间歇朗读,每天晚上20:00—20:30,每一位读者拿着自己喜欢的书在书店的舞台上朗读3—5分钟,购买此书时即可获得7折优惠。我命名这个活动为"朗读者计划",并从2014年10月1日果戈里书店开业那天启动,如今,这已经成为书店内的一道文化风景。

"朗读者计划"除阅读场景感强外,还得到了读者的热捧和积极参与。其中有三个原因:一是时间持续且固定。活动全年365天无间歇,每天20:00—20:30为读者朗读时间;二是人人参与,普适性强。"朗读"而非"朗诵",读者可以用方言、普通话或是其他语言,只要读出来就行。在果戈里书店朗读者的舞台上,就

朗 读 者

vt Reader

喜悦、忧伤、悲苦、激情、感动、共鸣……
朗读，让文字充满你的灵魂。

全年365天，
每天20:00-20:30，
果戈里书店为您提供舞台，
欢迎您朗读任何您喜欢的文章，
它可以是诗歌、散文、电影台词、小说节选等等，
只要您参与朗读活动，
果戈里书店将为您喜爱的一本图书打7折，
欢迎您加入朗读者计划。

朗读者计划

有用汉语、英语、俄语、法语、西班牙语朗读的读者；三是朗读有奖，读者所朗读的书，书店均以7折的优惠价格卖给读者，以鼓励阅读。

"朗读者计划"的舞台不仅为读者提供了阅读的机会，而且创设出了许多让人动容的场景，对读者而言具有极强的感染力和黏合性。

朗读者计划

现在很多城市的书店引进我策划的"朗读者计划"项目,并且都得到了当地读者的响应,并成为当地知名的文化活动品牌。我曾说过:我有一个梦想,每天20:00—20:30,各地实体书店都实施"朗读者计划",全国同时响起琅琅的读书声。我作为一个读者、策划者、出版从业人员,还有什么比这更让我感到幸福的呢?

CHAPTER 3

以阅读文化和读者心智
为中心的空间设计

第三章
以阅读文化和读者心智为中心的空间设计

第一节　书店空间设计要为定位和运营服务

这几年我考察过一些新装修的大型实体书店，虽说重新装修后的店堂焕然一新，但气质仍是一个大卖场，而不是一个有灵魂的阅读文化空间。这种换汤不换药的所谓"升级"，很快会为读者所摒弃。

我认为问题有二：

其一，书店经营者只提出书店分层分类方案和要求，就交由设计公司设计，空间设计完全是设计师的事儿。

其二，设计公司不懂书店业务和需求，也不愿研究书店的业务和读者需求，有的设计公司以为几十家书店做过设计的经历为资本，将书店设计当作普通生意，七拼八凑，任意组合，设计极不"走心"，根本不会去研究地域文化与读者阅读个性。我曾遇到过一位设计师，2 000平方米的书店，他只去了半天，拍了些现场照片，向书店要了一张原始平面图，一周后便向书店提交了全套设计平面图、效果图、施工图，可谓神速。当书店人员提出修改意见时，设计师一直坚持自己的设计主张，不愿意修改，并认为书店人员不懂设计。其实，这样的案例不在少数。

这好比我们的家装，设计师与户主常常难以沟通，设计师自以为是，而户主因不懂设计无法准确地表达自己的要求，结果装修完工的房间并不能体现户主的生活习惯和个人气质，装修完的家不像是户主的家而像是宾馆。

我坚持认为，书店的空间设计要为定位和运营服务。

很多设计师认为，设计创新就是追求个性风格，结果越设计越和书店应有的气质相背离。因为，往往这种创新是设计师自己的个性而不是书店的个性。

我受邀策划的所有书店，其空间设计都是由我自己操刀完成，这其实也是我的书店创新计划之一，目的是突破这样的怪圈，力求将书店空间设计与书店文化及运营相融合，所以每一处设计都围绕定位和营销去处理。比如，我在设计果戈里书店时，力求体现我所策划的果戈里书店"构建哈尔滨最具温度的文化地标""点亮读书人心中最温暖的那盏灯"的定位和目标，在空间设计上始终围绕着"温度""温暖"来表达，即空间色彩、书架、灯光以及投射的内涵都是温暖的。

我设计书店，十分注重"气质"二字，不同的书店定位会产生不同的书店气质，这是城市的气质，是文化的气质，是读者的气质。如何通过空间设计体现出这样的气质，是设计的功力，更是文化的张力。

我通过空间设计来体现书店独特的气质，要回到书店策划的原点去说。十多年来，国有书店一直在探索多种经营业态的模式，但是，有不少书店简单粗暴地将书店黄金空间向外出租。有一家省会城市的大型书城共五层，十多年前开业时相当前卫，成为当地的文化地标。前两年我再去这家书店时，发现书店的一、二层已经全部租给了服装百货等商家，书店压缩到了三、四层，已经全然没有书店的气息了。

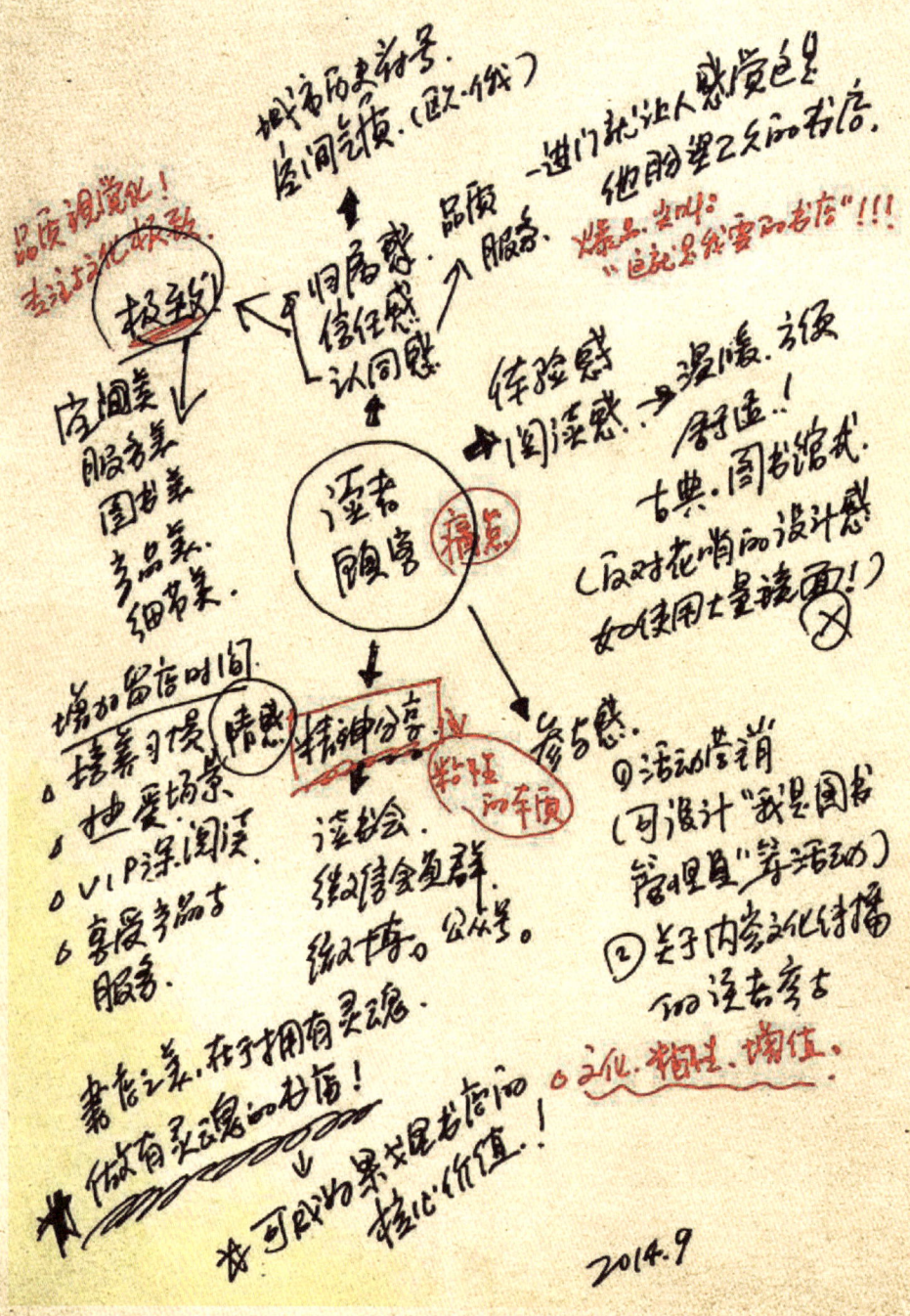

三石策划与设计果戈里书店思维图手稿

我的主张：凡书店为自有资产的，第一层必须是书店本身，让人一进书店便有强烈的场景感和阅读感，激发进店阅读和购书的欲望。我的观点得到了大家一致的认可和支持。

井冈山红色书店是由井冈山新华书店改造而成，原来书店在天街入口左侧二楼，一般游客不容易发现。我在做调研时发现，很多人不清楚二楼还有个书店。书店的楼下是几间卖红木树雕的店，当时我就想，如果用楼下一层做书店，再做楼梯与二楼书店相连，会树立书店印象及起到较好的读者引流作用，书店的很多问题就迎刃而解了。我将我的设想告知了江西新华发行集团总经理涂华。半个月后，涂华兄突然打电话说："解决了，已经将楼下那间店铺租下了，十年，你可以动手干了。"后来得知，涂华总经理亲自到井冈山和那一楼店铺的主人商谈，并成功租下了他的店铺，这事儿让我特别感动！

我接手黑龙江佳木斯新华书店改造时，他们已经将一层出租给了一家大型药店，而且进入书店需要以药店为入口再上二楼。同样，我的理念也得到了他们的认同，后来，书店经理吕云波亲自去找药店谈，最后收回一楼50平方米的独立空间作为书店精品图书区。

牡丹江新华书店改造前第一层900多平方米租给了一家韩式餐厅，书店第一层只有30平方米的展示空间。我受邀请帮助书店转型升级，我的理念同样得到书店领导班子的认同，在黑龙江省图书发行集团的支持下，他们将已租出的900多平方米店面收回。于是，我将第一层策划并设计成黑龙江首家零点书店"珂尼伽·午夜书房"，即楼上三层经营到21:00，一层营业到24:00。

佳木斯新华书店

佳木斯新华书店

以阅读文化和读者心智为中心的空间设计　077

牡丹江书城

果戈里书店里的读书少女雕塑

同时,考虑到牡丹江的中俄文化交流的因素,将一层设计成简欧风格,场景感和大书房式的阅读感令顾客"尖叫",并且起到极强的引流和聚人气的作用。

书店设计风格体现的是书店的气质和价值观。以果戈里书店的策划与设计为例,我在策划之初,就将培养新一代的精神贵族确定为书店的核心价值,1 000平方米的书店空间设计从整体到细节都围绕着这个核心去做,每个细节都表现出精神贵族的气质!精神贵族气质,强调的是一种高尚的人格理想、高贵的精神气质和高雅的审美情趣。所以,当你走进果戈里书店时,扑面而来的是精神气质。事实证明,如此设计的有灵魂的空间受到了众多有品味、有思想的读者的青睐,让读者有着强烈的归属感和认同感。同样,这也是很多人认为哈尔滨果戈里书店不可复制的原因。

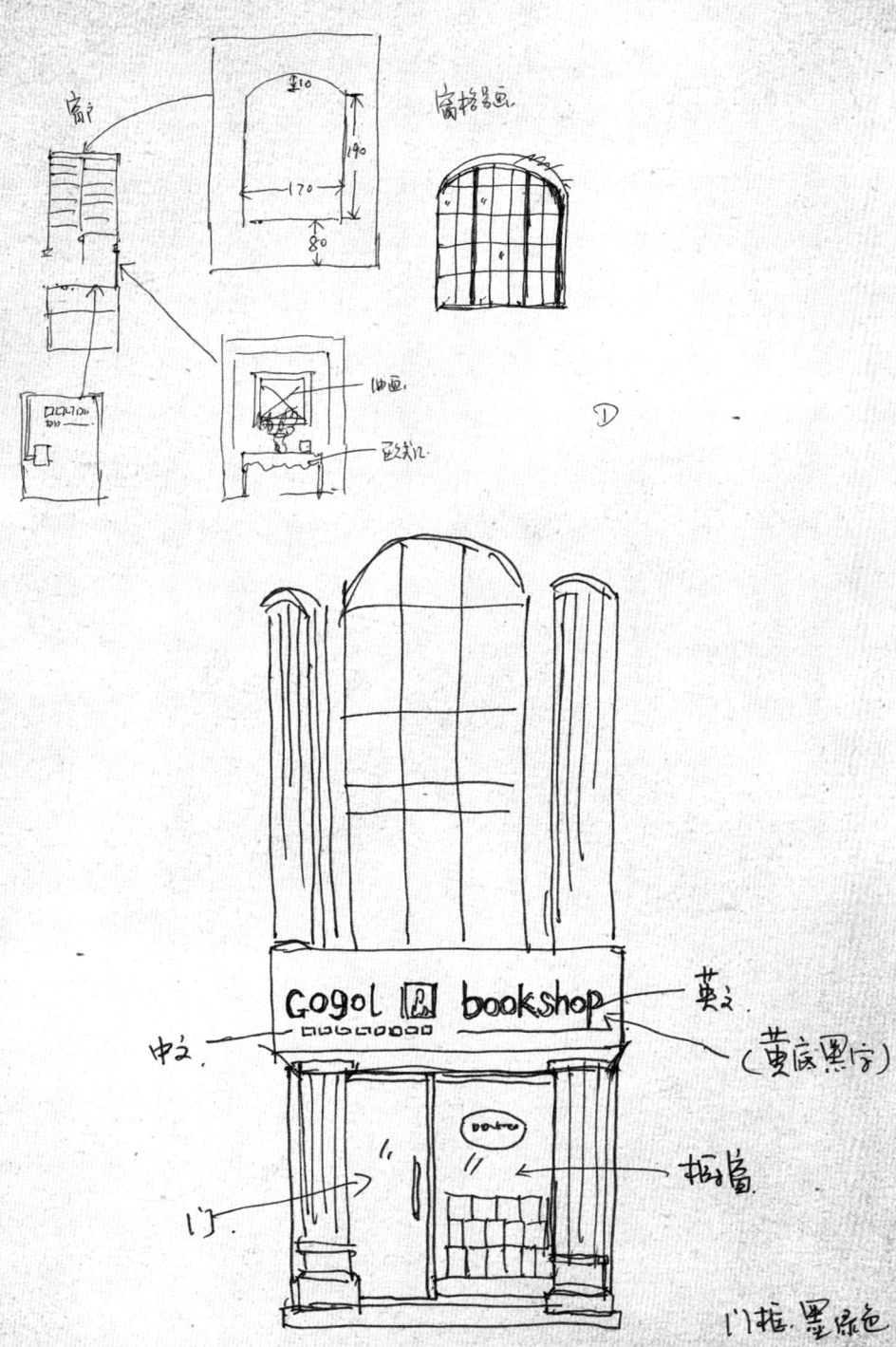

三石设计哈尔滨果戈里书店草图

哈尔滨果戈里书店

井冈山红色书店

另外,阅读区域与书架的有机结合,活动区域与阅读区域的功能组合,图书以外的业态与图书商品的紧密关联,都是书店空间设计的重中之重。

我在设计井冈山红色书店时,围绕精准的策划定位,并结合业务流程、顾客消费习惯、阅读习惯,以及文化研讨功能去进行空间的分布设计。书店以红色文化和红色元素为装饰主风格,青砖、红旗、五角星、蓝印花布、顶棚镂空的五角星灯、党旗、红军草帽型吊灯、红军怀旧背包、老照片，以及众多的井冈山元素营造出浓郁的红色文化气息。同时，空间分布与格局完全服务于书店的整体定位和运营服务。

我所设计的书店有一个重要的细节得到业界同仁的重视，那就是在书店空间的灯光设计上喜欢运用暖光，这是为阅读而设计的。因为暖色调光源会为读者营造强烈的阅读感，也更符合我提出的书店内涵——"点亮读书人心中最温暖的那盏灯"。

牡丹江书城

我比较反对在书店内专门设计"阅读区"的做法，这会人为地将销售与阅读分开，令读者反感。我设计的书店都是将阅读空间穿插在书架中，让每位读者置身于书架间，或站或坐，这样才有深度阅读的欲望。从另一个角度思考，这种阅读体验恰恰是实体书店抵抗网络书店最大的竞争力和优势。我认为，书店的整体布局和设计对于读者阅读与购书心情的影响是巨大的，我的设计力求让每一位读者进入书店都产生文化的认同感和阅读的归属感。

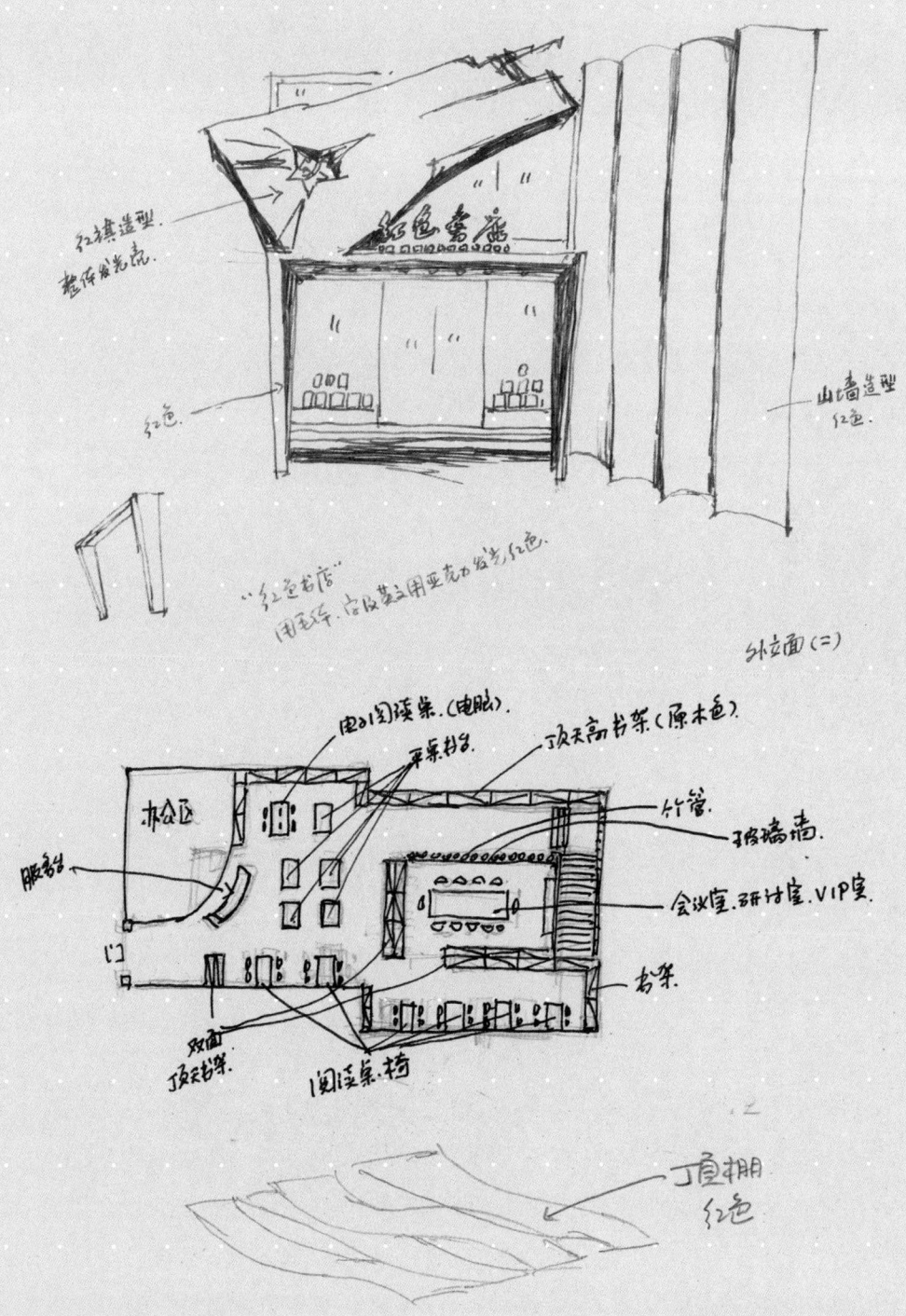

三石设计井冈山红色书店草图

第二节　区域文化、阅读文化是书店个性化空间设计的基础

要做有灵魂的书店，灵魂就是文化，所以书店的空间设计必须尊重书店文化，体现书店文化与阅读文化。而成功体现的基础，必须是研究透书店所处城市的地域文化和阅读文化。

因为，实体书店千店一面的时代已经过去，千店千面的个性时代已经来临。所以说，过去国有书店追求的统一形象、统一布局、统一装饰的千店一面的风格早已经不适合互联网时代读者对文化空间的需求。

诚品书店的成功在于他们坚持"连锁不复制"的理念："诚品'两岸三地'市场，都将朝向文化创意产业整合经营之路前进。我们不把大陆、台湾地区当作两个相对的概念，但我们理解每一个城市各有不同的历史文化与人文底蕴，每一个项目的条件也大不相同，因此会依着这些思考而设计出不同风格的诚品，这也就是我们所谓的'连锁不复制'的概念。每一处诚品都因所在城市条件与文化特质的特殊性而有不同的内涵。"

我们要将书店空间作为城市文化空间一个重要的组成部分去思考，因为地域文化承载着人们的集体记忆，是诱发情感体验的重要因子。历史情景作为人

们集体记忆的载体，能够唤起消费者的情感认同。在这一点上，这也正是我成功设计哈尔滨果戈里书店空间的重要原因之一（具体细节请阅《做有灵魂的书店——果戈里书店》一书）。

我在策划和设计黑河普希金书店时，对黑河这个城市进行了深度的研究。黑河素有"欧亚之窗"之称，与俄罗斯阿穆尔州州府——布拉戈维申斯克市隔江相望，是东西方文化的融汇点。其一，黑河市聚集了众多的俄罗斯人，他们在此经商及旅游，俄罗斯人在黑河的消费比例逐年增加，主要为餐饮、购物、咖啡吧消费、休闲娱乐等。到了晚上，除喝酒、洗浴外，在黑河旅游的俄罗斯人去咖啡厅喝咖啡、聊天、看书者很多。其二，黑河市民多年来受俄罗斯文化的影响较深，尤其在生活方式上比较接近，用于休闲消费的时间和花费较高。其三，黑河是一个旅游城市，每年来黑河的旅游者甚多。同时，黑河作为中国对俄出境口岸，是重要的"国门"之城。因此，在原有新华书店的转型定位策划上，将其定位为"国门书店"。考虑到中俄文化交流的传递功能，我借鉴自己打造哈尔滨果戈里书店的经验，将书店改名为"普希金书店"。

普希金是俄国著名的文学家、俄国最伟大的诗人、现代俄国文学的奠基人。他是19世纪俄国浪漫主义文学的主要代表人物，被誉为"俄国文学之父"。俄罗斯人对普希金特别尊敬及爱戴，苏联时期形成了对普希金的信仰，每所学校的文学办公室，甚至每个家庭都要挂普希金的画像。在圣彼得堡位于涅瓦大街18号的文学咖啡馆也称为"普希金咖啡馆"，曾经是普希金和文学家们经常聚会的地方，现在也是文化人前往圣彼得堡的必去之地。2014年9月，我曾在那里喝过咖啡，印象颇深。

因此，如果将黑河新华书店改造成为"普希金书店"，这本身就是文化交流的国际性事件，这个概念很快将成为新闻的"引爆"点，得到国际媒体的关注，并成为黑河这个小城市的国际性文化地标。（当时我策划到这儿时，兴奋得一夜未眠。）

于是，我把"普希金书店"空间设计风格定位为俄罗斯风格。

初步完成普希金书店空间设计后，我进一步研究普希金在俄罗斯乃至世界的影响，发现在世界文化名人中普希金的纪念碑是建立国家最多、分布最广的，欧、亚、非、美四大洲共有43个国家建有普希金纪念碑，可以说居世界之首。现俄罗斯境内共有纪念碑72座。这一研究又让我有了进一步的策划思路，我要建一座普希金全身的纪念碑，伫立于书店门前，一是作为书店的标志，一是让它成为黑河这座城市的旅游标识！

有意思的是，当我们在广场竖立普希金纪念碑时，聚集了许多俄罗斯人观看。结果，开业前一天俄罗斯莫斯科媒体就以《又一座普希金纪念碑在中国落成》为标题进行了报道！人民网在当天及时地进行了转载。

黑河普希金书店门前雕塑

江苏阜宁书城

所以说,城市肌理的延伸与城市历史文化脉络的传承,也应成为现代新型书店空间设计时思考的重要元素。

我在设计中国最美县级书店——江苏阜宁书城时,运用了葱茏劲秀的古树、翼然卓立的古典园林式亭子,这是因为阜宁县城宋称"庙湾古城",同时又是著名的"散文之乡"。我抓住古城特点,设计成独一无二的书店空间,体现了地域文化的灵魂,让江苏阜宁书城成为国内首家古典园林式书店,如今读者们在书店正中央的六角亭中阅读已经成为一道独特的风景。

江苏阜宁书城设计的成功之处,是我将传统形象中最有特色的部分提取出来,经过升华,作为主题应用到书店空间设计创意中。同时,深入挖掘历史文化,并结合现代审美进行抽象隐喻,诱发人们的情感体验。

江苏阜宁书城

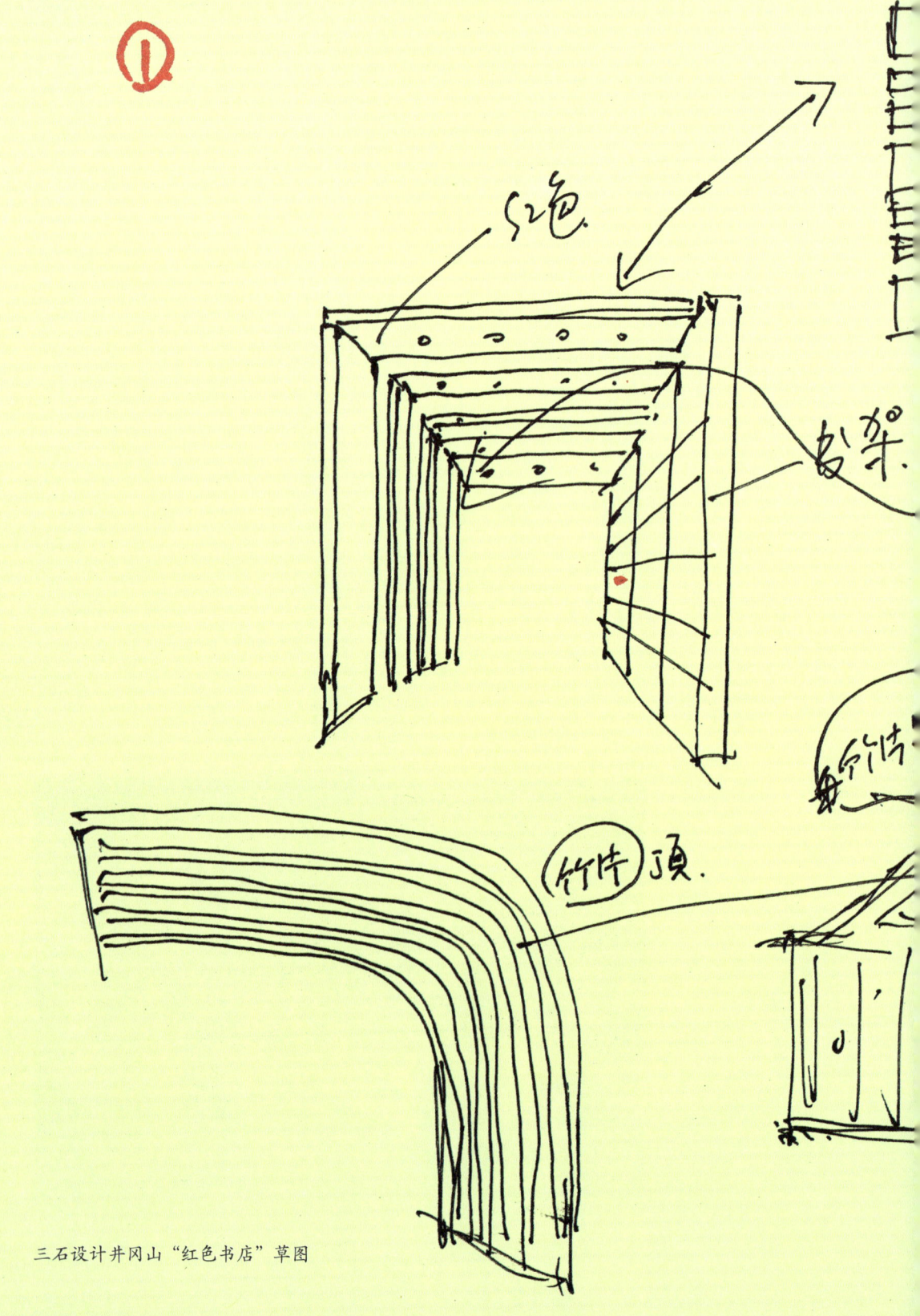

三石设计井冈山"红色书店"草图

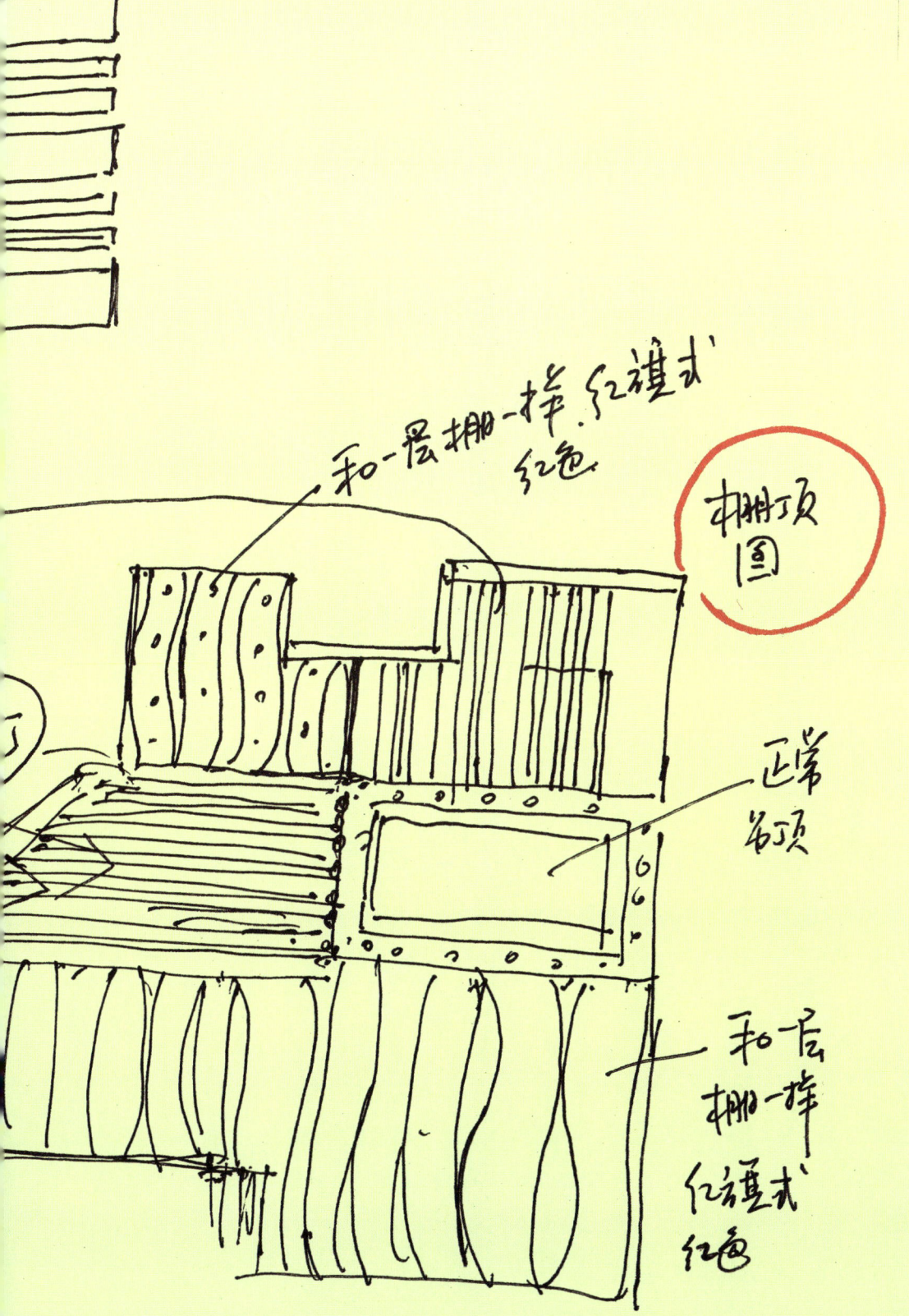

第三节　以读者心智为中心的体验感、场景感设计

我说过，实体书店是连接人与人、人与书、人与书店的文化空间，图书网购也好，数字阅读也罢，永远无法体验到纸质图书的那份温暖，无法享受实体书店提供的丰富感知。实体书店的复苏其实是读者"场景需求"的回归。

我认为，优秀的书店设计一定是以用户思维为基础的。这个"用户"一是书店本身，二是读者。

商场如战场，攻心为上，得民心者得天下。而当一个品牌占有消费者的某种"心智资源"时，我们才可以说这个品牌拥有了消费者。品牌定位的核心，就是要抓住客户和消费者的心智，即品牌必须是代表心智的一个词。比如，哈尔滨果戈里书店的品牌核心，并不是传递给读者"最美欧式书店"这一信息，而是"精神贵族"这个词汇。"精神贵族——高尚的人格理想，高贵的精神气质，高雅的审美情趣。"我用这样的核心思想来表现空间氛围，留给读者心灵的印记，获得读者的认可和爱戴。

当然，以读者心智为中心也不仅仅表现在空间设计上，还表现在书店空间、内容、服务、营销这个系统工程上。从整体设计的角度审视，这在哈尔滨果戈里书店便运用到每一个细节上。

所以说，定位理论提出"心智"是营销的主战场，为现代营销奠定了基础。心智，简单地说，就是指一个人的心思与智慧。从消费的趋向和角度上说，心智就是消费者蕴藏在内心深处的对待各种产品理性而又明智的看法或价值认同的程度。心智营销，就是研究了解和高度把握消费者的心智规律，并促使心智转化为购买动机，达到营销产品的目的。可以说，消费者对某一种产品或服务的认同程度越高，说明心智营销的水平越高，回报率也越高。果戈里书店空间、服务、活动甚至每一个平面设计产品（如海报、告示等）都紧扣"心智"，让读者有强烈的认同感。我在策划果戈里书店开业视频广告时写道："果戈里书店，为精神贵族而生！"

实体书店的体验性设计核心是场所制造，也就是场所精神的塑造，从定位理论角度能掌握读者心智的体验感和场景感才是最佳的精神塑造。

长期以来，实体书店对书店的"体验感"的概念是比较模糊的，认为提供了一个好的阅读环境，以及阅读设施，就是为读者提供了最好的体验感。实质上，实体书店对体验感认识不足，仍然会使新装修的书店成为毫无体验感的没有温度的卖场。

"体验式空间"的五大体验模块——感官体验、情感体验、思维体验、行为体验、关联体验，在空间布局、产品品牌文化展示、陈列方式、客户消费习惯等各个方面，都能从听觉、视觉、触觉、感觉、嗅觉乃至味觉方面全方位地打造，成为极致的体验空间。只有提供感官体验和情感体验为主的多种体验，才能让人流连忘返。

三石关于体验式空间设计的笔记和体会：

1. 关注顾客的体验

体验是一个人在遭遇、经历过后产生的结果。企业应注重与顾客之间的沟通，发掘他们内心的渴望，站在顾客体验的角度，去审视自己的产品和服务。

2. 以体验为导向设计、制作和销售你的产品

当咖啡被当成"货物"贩卖时，一磅可卖三百元；当咖啡被包装为"商品"时，一杯就可以卖一二十块钱；当其中加入了"服务"，在咖啡店中出售时，一杯最少要几十块至一百块；但如能让咖啡成为一种香醇与美好的"体验"，一杯就可以卖到上百块钱。增加产品的"体验"含量，能为企业带来可观的经济效益。

3. 检验消费情境

营销人员不再孤立地去思考一个产品（质量、包装、功能等），要通过各种手段和途径（娱乐、店面、人员等）来创造一种综合的效应以增加消费体验。不仅如此，还要跟随社会文化消费导向，思考消费所表达的内在的价值观念、消费文化和生活的意义。检验消费情境，使得营销人员对营销的思考方式有了改变，通过综合考虑各个方面的因素来扩展其外延，并在较广泛的社会文化背景中提升其内涵。要明白，顾客购物前、中、后的体验已成为增加顾客满意度和品牌忠诚度的关键因素。

4. 顾客既是理性的又是感性的

一般地讲，顾客在消费时经常会进行理性的选择，但也会有感性的时候，如冲动消费。企业不仅要从顾客理性的角度去开展营销活动，也要考虑消费者情感的需要。

5. 体验要有一个"主题"

体验要先设定一个"主题",也可以说,体验式营销是从一个主题出发并且所有服务都围绕这个主题进行。如果没有主题,也应设有一个"主题道具"(如一些主题博物馆、主题公园、游乐区,或以主题为设计导向的一场活动等)。这些"体验"和"主题"并非随意出现,而是体验式营销人员所精心设计出来的。如果是"误打误撞"形成的则不应说是一种体验式营销行为。在这里所讲的体验式营销是要有严格的计划、实施和控制等一系列管理过程在里面的,而非仅形式上的符合而已。

6. 方法和工具有多种来源

体验是五花八门的,体验式营销的方法和工具也是种类繁多,并且这些和传统的营销又有很大的差异。企业要善于寻找、开发适合自己的营销方法和工具,并且不断的推陈出新。

因此,注重顾客体验,集美学、思维学、心理学、营销为一体的空间体验式设计理念和模式,是我们书店行业设计师们要补足的课。

7. 书店空间设计的场景感也是我最重视的设计观

当一个个产品被嵌入使用场景中,革命已经爆发——产品、定价、品牌、营销、渠道都发生了颠覆性的改变。判断商品的决定性标准不再是品牌,而是使用的人。如果没有故事,没有人格,没有温度,那么产品很快就会烟消云散。

现代实体书店塑造魅力靠什么?故事、情怀和场景。这样的场景革命以个人社交体验为逻辑起点,体验作为底层逻辑主导着这场革命的发生、发展、衍化与变迁。这里,不是卖文化产品本身,而是卖文化产品的场景化,所有的需求都来自于场景。

中国第一家有专业衣帽间的书店——哈尔滨果戈里书店

场景的本质是对时间的占有,拥有场景,就拥有了消费者的时间。

实体书店呢?其场景则是人与人、人与书、人与书店、人与故事。在实体书店,人们往往在意的并不是图书本身,而是人们所处的书店场景,以及场景中自己浸润的情感。

我上面提到的江苏阜宁书城,其空间中设计了葱茏劲秀的古树、翼然卓立的古典园林式亭子,创设中国首家古典园林式阅读文化休闲空间。我让亭子与古城文化相关联,可以叙述出一系列的古城故事;我在亭子里安排了一场淮剧独唱,让阜宁这个"中国淮剧之乡"的符号引入了故事情节;我将这亭子命名为"精神凉亭",更赋予其阅读场景的灵魂。

江苏阜宁书城

哈尔滨果戈里书店

我在牡丹江书城和佳木斯新华书店,都大量运用了白桦树的空间场景,赋予"生命因阅读而精彩"的意义,让阅读场景跃然于空间。

我在牡丹江书城的二楼,搭建了一座铁路站亭,将中东铁路的历史印迹设计其中。

牡丹江书城

井冈山红色书店的设计，我更是大量运用了场景感的概念，让读者难忘。

三石设计书店空间的体会：

优秀的书店空间设计应是件极其苛刻的任务，是不断完善，使之趋于完美的过程。围绕书店定位和运营的整体设计，区域文化、阅读文化的融合，体验感、场景感的设计与表现，还需要在具体装修实施过程中不断地跟踪与完善，包括随业态的变化及文化产品的属性进行设计调整，甚至，在开业的前一天，我仍在做整体设计的整合与落实，以达到最佳效果。一个优秀的书店空间设计，是全程的、活动的、灵性的，这才能从空间设计这个层面达到我所提出的"做有灵魂的书店"这一目标。

井冈山红色书店

多业态创新
与文化融合
让书店增值

第四章
多业态创新与文化融合让书店增值

第一节　对书店多元业态的重新定位

随着消费市场竞争的加剧，行业与行业之间的相互渗透、相互融合越来越多，跨界合作成为一种市场发展的必然产物。于是，实体店在多元化业态的探索上，越来越体现跨界与融合，各种创新业态层出不穷。以购物中心为代表的零售业近年来有不少成功的案例。

实体书店多年来同样对多元化业态进行探索，国有书店早年将其称之为多种经营，大多经营与教育有关的产品，如文化用品、办公用品、体育用品及学生用的电子产品。有不少书店开辟了"水吧"式的咖啡、茶等饮料服务。近几年，业态越来越成熟，很多生活用品、工艺品、创意产品也进入了书店。大型书城则引进美术展览馆、电影院、餐厅等业态，收益颇丰。

我在多年前给书店同仁做培训时曾旗帜鲜明地说：新华书店中小型门店的门面出租时代已经过去，专业化经营的时代已经到来。

如今，实体书店转型升级时的业态选择必须要从消费者价值定位的视角出发，以自我为中心的粗放式引进业态的时代已经过去！

简而言之，要以消费者整体价值需求为中心来设计书店的多元化业态。同时要遵循"人无我有，人有我精的原则"，并围绕"文化"去探索新的业态。

我在策划书店业态时，经常思考以下几个问题：
哪些业态是读者强烈接受、可以接受或排斥的？
哪些业态是书店适合的，有怎样的竞争力？
把和其他商场同样的业态引进书店，我们就能经营好吗？
跨界业态书店如何把握？有这方面的人才吗？
单纯引进由他人经营的业态如何管理，如何与书店文化融合？
我们有创造新业态的能力吗？

2014年10月1日开业的哈尔滨果戈里书店原只有500平方米（二楼），所以在策划时思考了很多新型业态的整合方案，但受面积的限制，只能因地制宜地逐步实施。当黑龙江出版集团决定将三楼500平方米用于果戈里书店拓展时，我们首先思考的是与二楼的差异化，将三楼的功能定位在VIP深阅读大书房。同时，对读者进行了抽样调查，根据需求策划了三楼的创新业态。

果戈里书店三楼业态策划初案

一、果戈里书店VIP会员项目

1. 提供深阅读服务;

2. 会员制储值消费模式;

3. 重点:最美环境、精神享受、分享平台、精致服务、品质图书及餐饮。

二、果戈里讲堂

"果戈里讲堂"为果戈里书店新打造的阅读品牌。可开发如"领导干部文化大讲堂""教育大讲堂""音乐大讲堂"等系列活动。这不同于沙龙,而是策划有价值的主题,请相关专家来进行系列讲座,模式如"百家讲堂"。

果戈里讲堂是收费项目,是专为企事业单位定制。

三、果戈里迷你剧院

设计欧洲歌剧院式小型舞台，精致典雅，可供室内乐团、小型芭蕾舞团演出。除组织正常演出外，定期引进俄罗斯演出团体进行演出。建议开业的当天晚上就策划一场200人左右的大型派对式演出。

此项目是收费项目，逐渐固定其运营模式。

此迷你剧院同样兼设微型电影院，可组织电影回顾展等，为收费项目。

四、果戈里书店婚礼

2014年10月1日开业时的书店欧式婚礼在社会上反映甚好，得到高度认可。第二天便有影楼来要求取景拍摄婚纱照，有电话咨询举办书店婚礼事宜。这说明这个创意是成功的。

书店三楼的空间更大，比二楼更精致，因此可以正式启动书店婚礼项目，成为全新的盈利板块。定位为"最美书店最美婚礼"。

五、果戈里会议、沙龙平台

书店三层的设计理念一是VIP会员深阅读空间，同样也是举办各种会议和沙龙研讨的空间，这是一种平台战略。即搭建最美的空间，吸引其他企业单位或是个人来组织会议、研讨、产品发布等。最美的空间，最美的服务，一定会成为较好的盈利项目。甚至，很多优秀企业的年会也会在这里举办。在这里举办年会或是产品发布会，相比于酒店具有更强的场景感和文化感，会提升会议品质。

盈利模式：承办、包场。
VIP大书房同样是以此为理念，文化包装后进行会议及聚会定制服务，收费。

六、果戈里西餐

引进最专业的西餐人才，打造专业且极具文化特色的西餐服务。二楼开业的几天提供过西式冷餐的服务，收效颇佳，深受欢迎。三楼应正式启动西餐项目，以标准的西餐厅方式运营。创造果戈里西餐品牌。西餐后厨位置另行考虑。

文化包装：传播西餐文化，打造果戈里西餐品牌。果戈里书店不是简单地提供西餐，而是提供西餐文化。西餐标准及服务标准必须与果戈里书店打造精神贵族的理念相符合。争取在一年的时间内创造哈尔滨市最具文化内涵的西餐品牌。

七、果戈里咖啡、茶等饮品

三楼这个板块仍然延续二楼的咖啡模式，但品种要比二楼全。

多业态创新与文化融合让书店增值　107

八、果戈里时光银行按需印刷项目

策划二楼时即有这一项目。此次扩建将全面启动，充分整合黑龙江教育出版社数码印刷项目资源和编辑资源，使之有别于社会上的数码打印业务，而是深度加工编辑为精品图册，有独一无二的竞争力。

注：这个项目和"媒体项目"整合运营，即承接视频节目和广告视频制作业务。

九、果戈里编辑部出版项目

成立果戈里书店编辑部，除策划MOOK《白·夜》丛书外，还要充分利用黑龙江出版集团中俄交流资源，引进和输出版权，可从中国古典文学开始策划。

开拓企业定制业务。最近市旅游局拟与书店合作出版旅游文化图书，可以此切入为典型样本，吸引更多的单位合作。

十、果戈里文创空间

书店二楼以文创产品销售为主，三楼以策划自有文创产品为主，由编辑部参与策划设计。

重点策划果戈里书店品牌产品：

1. 文具类，各类精美本子、笔、包、明信片及相关周边产品；
2. 食品类，果戈里红茶，俄罗斯蜂蜜；
3. 礼品类，果戈里书店高档创意礼品。

十一、企业图书馆

借鉴上海天冀图书公司模式，为企业定制图书馆，核心是"企业会员制"。（策划案另做）

十二、书海游学项目

以图书文化为基础,与著名旅游公司合作,用内容文化提升文化旅游价值。

策划:三 石

2014年10月

体会:

书店多元业态定位,以书店消费人群的价值需求为定位才精准;

书店多元业态策划,深度挖掘出版和文化资源,创造自己独有的业态;

书店多元业态创新,只有进行文化渗透,才能创造文化价值。

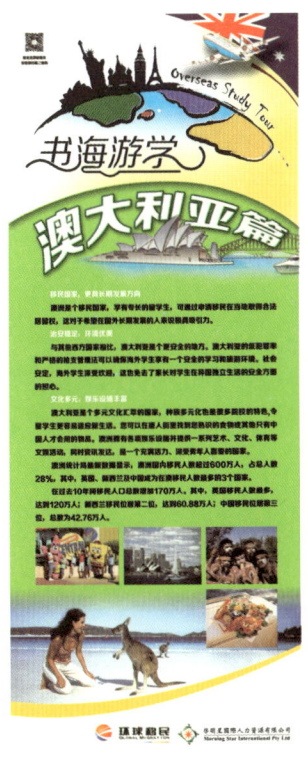
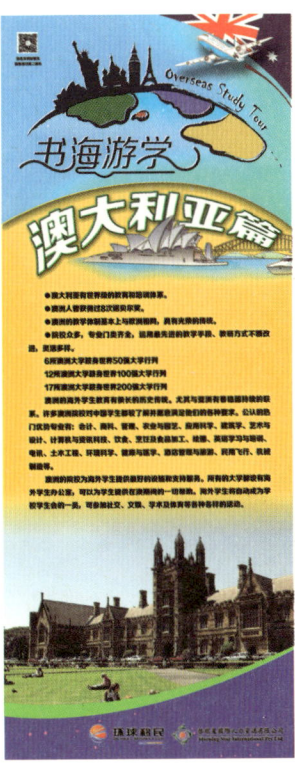

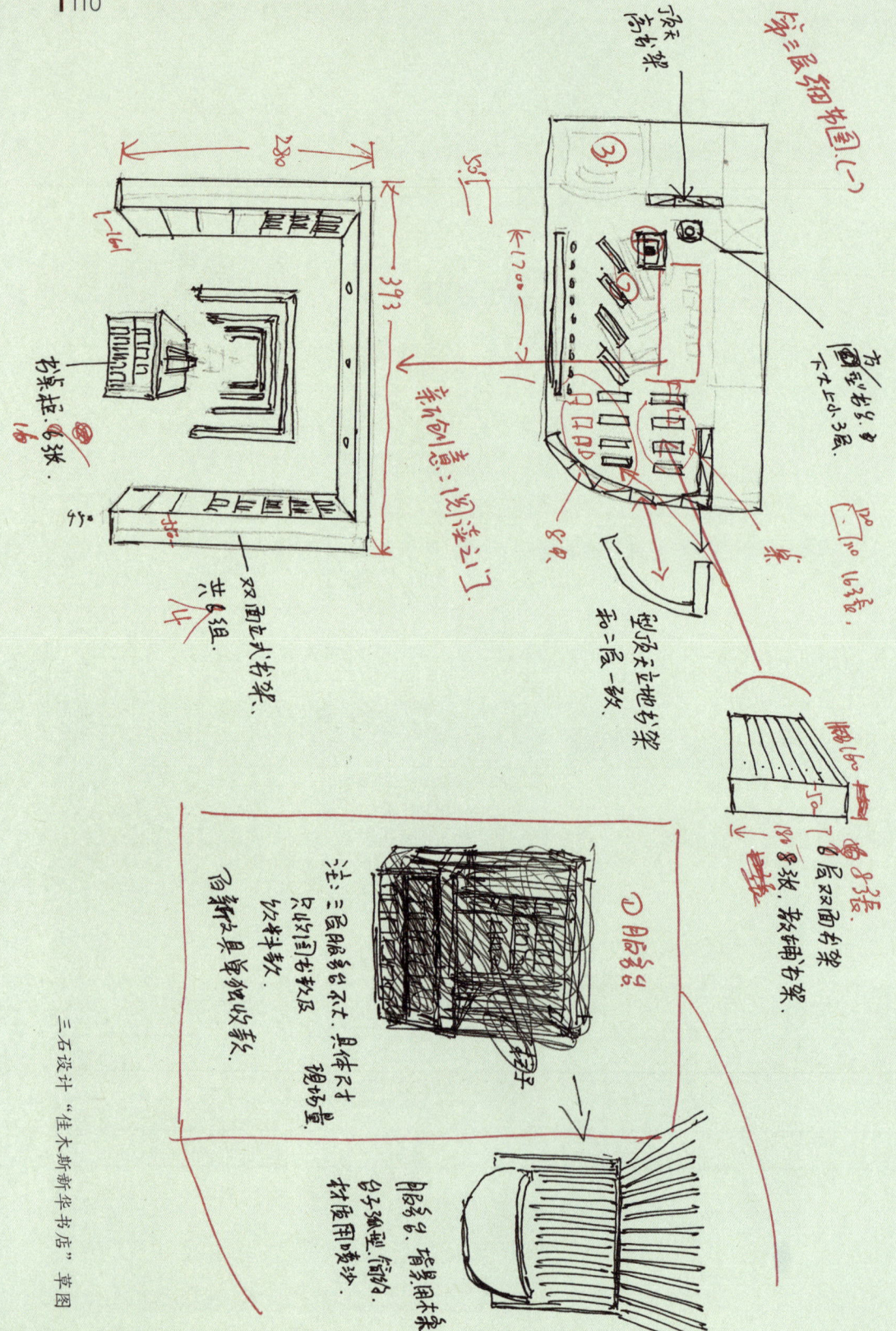

三石设计 "佳木斯新华书店" 草图

多业态创新与文化融合让书店增值 111

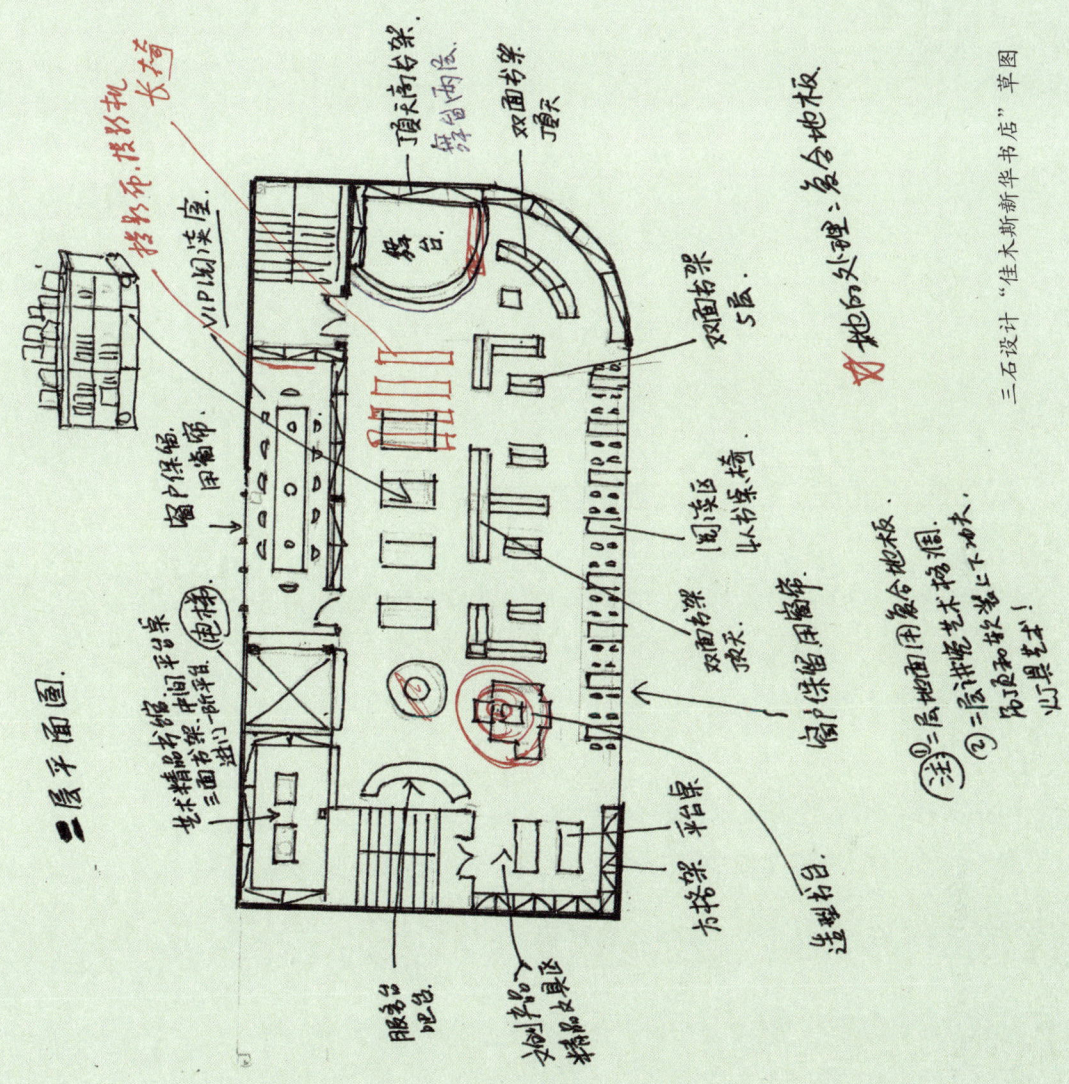

第二节 创新，书店多元业态经营的生命力

在全国书店"2015年销售得最好的精装文创多元经营类别"榜单中，占据前5名的分别是：电子产品类、文化用品类、创意生活类、咖啡饮品类和益智玩具类。

但是，在各书店纷纷以这5类最好的多元业态为"标配"的同时，往往会形成新的同质化现象，同样会令消费者渐渐失去兴趣。

有的书店引进文化用品，其实根本没有竞争力，质量、价格、服务与普通百货商场一致，甚至有的还不如普通百货商场，何谈盈利和竞争力？

我们如何改变被动引进业态的现状，主动研发文化创意业态，真正进入文化创意产业链呢？

我在帮助书店进行转型升级时，同书店领导班子研究和思考最多的便是书店多元业态的定位、选择和创新。大家都希望有与众不

同的创意，一些已经成为书店常规的业态要经营，但更需要创新的业态确保书店的活力。

当下，文化用品类、咖啡饮品类已经成为书店的常规业态。但是，我考察了很多书店，他们引进品牌并将空间租给对方或是联营居多，这又成为新的"传统"。

我的主张是，这些常规业态，书店完全可以自营，一是提升了利润空间，二是可以创造自有品牌。这同样是一场创新的革命。

一、以文化用品类为例

国内有几家大型的文化用品企业，这几年进驻各新华书店。如果大中型书店可以向其提供大面积的经营空间，用于文化用品的全品种经营，是可行的。但我们也必须看到，这些企业在新华书店并非独家经营，在同一城市其他商场中，他们仍在经营，甚至面积更大，不少还提供批发业务。这样，就形成了新的同质化现象，这种进驻书店的文化用品模式久而久之又回到"卖场租金"的模式，利润空间并不大。

对于中小型书店，在实践中，我个人认为完全可以自营。关键在于"选品"。优势在于可用环境和文化的营造使文化用品增值。利润在于"原创"。

其一，书店可以在充分分析目标顾客的基础上，进行文化用品的精选，让目标顾客进入书店感觉到每一样文化用品都是自己需要的，甚至是为自己定制的，这就是选品的力量；其二，阅读文化的氛围、优美舒适的空间、精致的文化用品区布置，会让这些产品增值；其三，可以自行设计书店品牌的文化用品，品牌化、唯一性会赢得高利润。

二、以咖啡饮品类为例

对5 000平方米以下的书店我都建议自营，没有必要去引进品牌咖啡店。不少的书店习惯于出租较好的空间形成相对独立的咖啡店。但是，从打造文化消费体验空间的角度出发，新型的书店理念应该是能提供更多舒适阅读与文化消费的自由状态，咖啡与书本身就是一个消费的整体，我们都是习惯一杯咖啡或一杯茶、一本书的阅读状态。我常看到书店的咖啡店门口写着："已购图书方可带进咖啡店"之类的字样，这种体验其实很不好。很多读者都喜欢在阅读图书时买一杯咖啡，或是在书店阅读座位上坐着，或是席地而坐——在哈尔滨果戈里书店的二楼，这已经成为独特的风景。开业初期，二楼500平方米的书店平均每天销售咖啡200多杯。这就是用户思维。

黑河普希金书店、佳木斯新华书店、阜宁书城，以及4 000平方米的牡丹江书城，咖啡饮品类都是自营且相当专业。这几家都是抽调最优秀的年轻营业员到专业机构进行培训，咖啡区域请专业机构设计及配置相关器材。

三、以西餐类为例

西餐也是与图书阅读比较配套的业态,哈尔滨果戈里书店开发西餐业务后,半年便收回了成本,如今已经成为哈尔滨知名品牌。很多哈尔滨本地的会员读者已经习惯来书店看书,中午或是晚上约一两个好友在果戈里书店三楼品尝果戈里牛排。2015年果戈里西餐厅被中国饭店协会评为中国西餐名店,可见其专业程度。果戈里书店的西餐完全是自营模式。

牡丹江书城准备开辟俄式西餐业务,由从俄罗斯聘请的专业西餐大厨亲自操刀。

结论:能自营的就自营。优势是:文化更契合,利润更丰厚,管理更方便。

创新,永远是书店多元化业态的生命力。如何创新,是每一家书店不断思考与探索的课题。

2014年我与牡丹江新华书店总经理张振巍赴俄罗斯考察,对俄罗斯餐饮文化和面包文化进行了尝试性的研究。尤其是对面包文

牡丹江书城"珂尼伽面包工厂"

化,我们都产生了浓厚的兴趣。高尔基的那句"我扑在书籍上,就像饥饿的人扑在面包上"的名言一直是我的励志名言。其实,俄罗斯有许多关于面包的谚语,比如,"黑麦面包是我们的亲爹""没有面包到处都是忧愁""面包端上桌,桌子成御座;用餐没面包,桌子成木板""海市蜃楼远不及眼前的一块面包可爱"等,足见其面包文化之丰富。俄罗斯的面包品种极其繁多,当时我们就有将俄罗斯面包文化引进书店的想法,对书店系统而言,这是一次创新。我当时就在记录本上创作了一句广告词:"书籍与面包慰藉全城。"

我看到有书店引进面包业态的,但只是简单地将店铺租给面包房,除收取租金外,与书店无关。

2016年6月,我们正式将俄罗斯面包引进牡丹江书城,书店从俄罗斯聘请了面包师。我策划了中国第一家将面包工厂引入书店店堂内的业态,我在书店一楼设计了一间透明的面包制作间,读者阅

"智点创科机器人天才学院"参加国际青少年机器人比赛

牡丹江书城"智点创科机器人天才学院"

读的同时可以看到面包间俄罗斯面包师制作面包的全过程，场景感极强，书香、面包香融为一体，想到"我扑在书籍上，就像饥饿的人扑在面包上"的名句，更加励志。

实体书店多元化业态的策划中，缺少的是策划力，更缺少创新能力。

牡丹江书城最为创新的业态，是与"智点创科（北京）机器人科技发展有限公司"合作创办"智点创科机器人天才学院"，打造"教材+教学+教具+比赛+游学+延伸服务"创科教育产业链。具体实施是在书城二楼设计了100平方米的"创科体验空间"，提供学生3D打印、机器人、VR技术等体验活动。四楼设计了200平方米的机器人培训教室，提供青少年科技创新教育培训，项目还与国际机器人大赛相结合并接入游学模式。"智点创科机器人天才学院"很快受到教育部门的重视和学生与家长的欢迎，此项目的利润估计将占书城总利润的20%。

书店多元化业态的革命，应记住这四个关键词：
文化，跨界，创新，融合。

第三节　文化融合是书店多元业态运营的精髓

诚品书店多元化经营、复合式经营一直是大陆实体书店学习的榜样。例如，台北市信义、敦南店引进服装、箱包皮具、文具、家具、化妆品、手工艺品、美食广场、餐饮名店、艺术品、玩具、亲子乐园、艺术培训等多种业态。诚品书店未进驻大陆时，很多同行去台湾诚品书店参观考察，回来后立志做大陆的诚品，也开始复合多业态经营，但总是学不像，各种业态总有杂乱无章、不搭的感觉。我常用"各业态间气场不合"来形容。

其实，我们只学会了诚品书店多业态复合经营的表象，仔细研究，诚品的核心是不同业态的文化融合以及与图书的巧妙搭配。比如，儿童图书与文具、玩具有机结合，科普读物区与自然探索馆搭配，食品与美食和健康题材的图书相结合……家居、装修设计等相关图书与家居饰品店组合，一切让你觉得很自然，实物就是文化与内容。正是这种巧妙的结合与包装，精神产品和物质产品相互融合，方促进了销售。

所以我说，转型后的书店新业态也好，线上线下O2O也罢，必须贯穿以书店文化品牌为基础的灵魂与气质。有的大型书店门店转型后简单地引进其他业态，但因其引进业态的经营理念、服务观念与书店文化有冲突，反而降低了书店的品

诚品书店

位,甚至影响销售。因此,我认为书店中的各业态的营销应该统一整合策划,活动相互渗透、互动,营销的最高境界是善于将整体策划为"文化营销"。

从专业的角度分析:

其一,目标客群的一致性。特定目标客群的消费需求有比较强的系统性,所以,应根据不同客群的消费特征建立不同的消费主题区域,在不同的消费主题区中根据客群的需求组合各功能业态。

其二,业态的相关性。业态的相关性是确保客流动线流畅、提升总体销售收益的重要保证,各业态布局相互衔接时各业态间能否有效互融,关系到消费的舒适性及流畅性,这又直接影响到顾客在购物空间逗留的时间及消费的总客单价。业态的互融相关性更多的是考虑功能互补,各自有明确的功能特征,但又互融成为一个整体。

从实体书店的角度分析:

实体书店转型升级,必须赋予全业态以灵魂。文化关联与统一管理是业态整合的基础。

其一,多业态的引进要因地制宜。这同样需要对进入书店的人群进行研究与分析,分析读者习惯在书店消费什么,如何培养他们在书店消费其他商品的习惯。

其二,多业态之间要强化文化关联度。书店中各业态的营销应该统一整合策划,活动相互渗透与互动。其中最高境界是善于整体策划为"文化营销"。比如,在书店喝咖啡喝的是文化,在饮食方面,消费的是生活品位。

其三，多业态要有文化关联及统一管理。书店除自营业态以外的招商项目，不是简单地任由其独立经营，而是要引进品牌，统一管理，统一结算。所有品牌必须先与书店文化相融合，再体现自有品牌。

果戈里书店文创礼品区

牡丹江书城"珂尼伽面包咖啡坊"

我策划的这几家书店在研究此类问题时，对招租项目一般采取这样的方式：

其一，所有员工进行统一培训，培训内容为对书店文化的理解，对读者的礼仪，对书店业务及图书的了解，对各业态的相互认识和了解等；其二，统一服装；其三，统一规章制度；其四，尽量统一结算；其五，统一宣传和营销，包括新媒体宣传，微信、微博等。尤其是营销，注重异业与图书的统一策划，交叉及整合营销。

因此，我基本根据三个关键词来策划书店的业态：

即复合联动性、互动推广性、专业体验性。

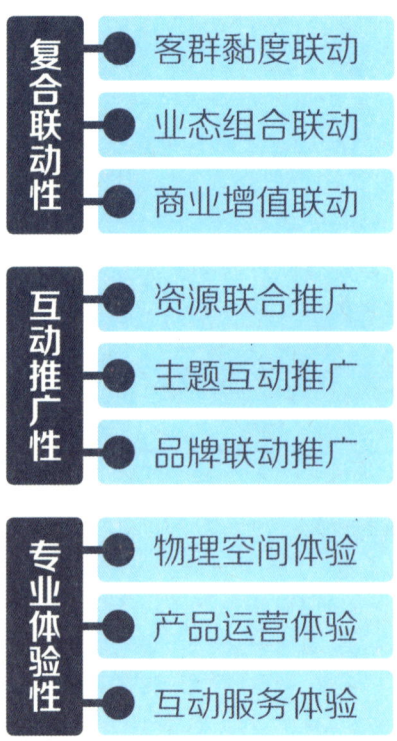

多业态创新与文化融合让书店增值　123

哈尔滨果戈里书店

果戈里书店微信公众号案例
新娘，没有比在书店办一场婚礼更浪漫的事了！
2015.2.6

多业态创新与文化融合让书店增值

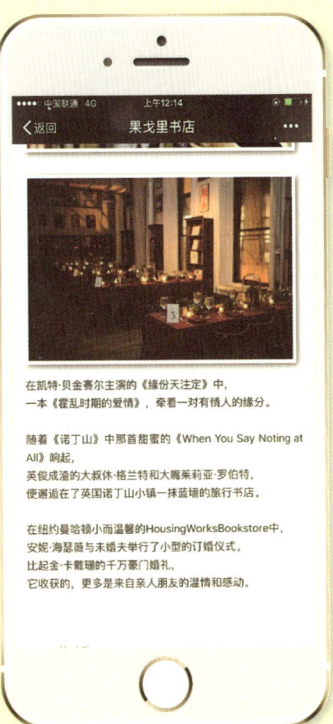

满室古朴典雅的原木书架上,书香弥漫。
香槟金色的帷幕下,写满了爱书人的浪漫。
如教堂一般的彩绘穹顶,神圣而庄严。

如果 你理想中的婚礼

新娘,没有比在书店办一场婚礼更浪漫的事了!

在凯特·贝金赛尔主演的《缘份天注定》中,
一本《霍乱时期的爱情》,牵着一对有情人的缘分。

随着《诺丁山》中那首甜蜜的《When You Say Noting at All》响起,
英俊成熟的大叔休·格兰特和大嘴茱莉亚·罗伯特,
便邂逅在了英国诺丁山小镇一抹蓝墙的旅行书店。

在纽约曼哈顿小而温馨的HousingWorksBookstore中,
安妮·海瑟薇与未婚夫举行了小型的订婚仪式,
比起金·卡戴珊的千万豪门婚礼,
它收获的,更多是来自亲人朋友的温情和感动。

你是否想在书架前穿着婚纱与爱人跳一支舞?
你是否想在复古的螺旋形木楼梯上念出誓言,与你的爱人交换婚戒?
你是否想让来宾与满墙的书籍一起,见证你的婚礼时刻?

在 果戈里书店

如果你 希望

当你每次走进书店,回想起和他那最美丽的一天,都会怦然心动。

" **那么** "

你的幸福时刻,
将由你至亲至爱的们,

共同
见证

书店婚礼咨询热线

15504612334 于女士

婚礼策划
请柬、纪念册、婚礼周边纸品制作
单身之夜狂欢派对
新婚答谢
周年纪念酒会
生日派对
成人礼

我们相信创意的力量,
不怕你思维的天马行空,
只怕没有更棒的IDEA。

果戈里书店微信公众号案例
和果戈里书店共聆《我的诗篇》冰城百人众筹观影行动
2016.1.14

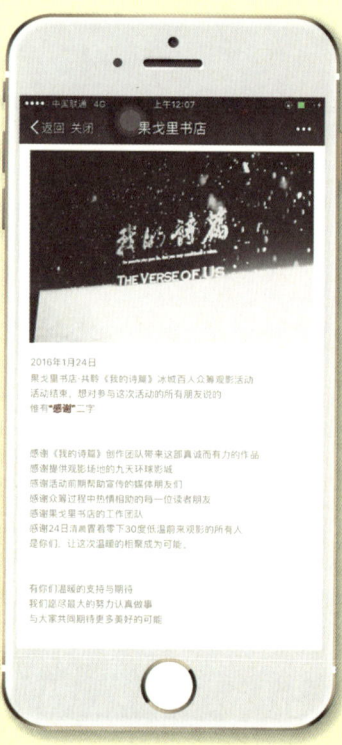

多业态创新与文化融合让书店增值

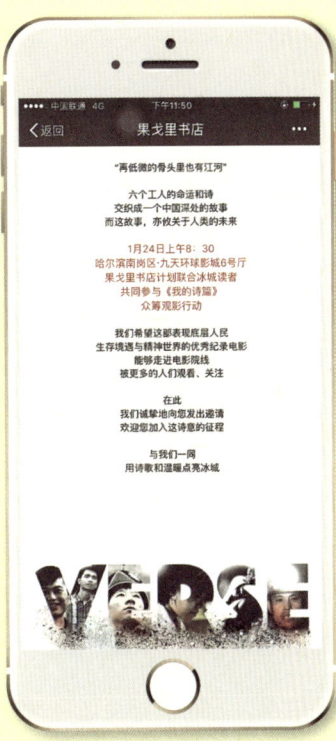

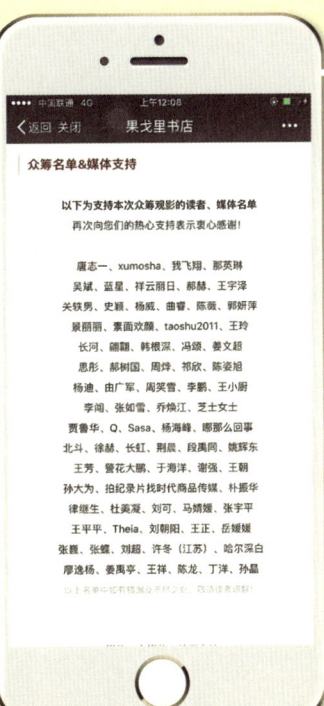

CHAPTER 5

做有灵魂的书店

第五章
做有灵魂的书店

第一节 转型升级的核心应是提升"文化力"

我曾指出传统书店缺少"策划力、用户力、文化力、传播力",而"文化力"是最为重要的。

此处,我所指的"文化力",一是企业文化力;二是文化营销力。

企业文化是企业精神文化、企业制度文化、企业行为文化和企业物质文化的总和。其中,企业精神文化包括企业价值观、企业精神、企业哲学、企业伦理等企业意识形态内容;企业制度文化包括企业的各项政策、章程、规定、计划、标准、程序、方法等内容;企业行为文化是企业的经营作风、工作习惯、人际关系的动态反映;企业物质文化是以企业的经营环境、经营设备和经营成果(产品)等物质形态为研究对象的文化范畴。

核心思想、核心策略、强势行动和品牌形象是企业文化的四个核心要素,它们分别是企业精神文化、制度文化、行为文化和物质文化的精髓。四者相互结合,构成企业核心文化。企业核心文化四要素均蕴含着巨大的能量,分别引发思想力、策略力、行动力和形象力。四力合一,构成企业文化力,或称企业核心文化力。

反思实体书店,我们的企业文化是什么呢?能从精神、制度、行为、物质几个方面体现出来吗?这是我常与书店同仁讨论的话题。对于这些概念,很多人几乎都是模糊的,甚至有不知从何下手的感觉,并不是"为读者服务,满足大众精神文化需求"或是"为读者找书,为书找读者"那么简单。

但是,在转型升级的关键时刻,企业文化同样是重中之重,重塑企业文化对于传统新华书店而言不是一件简单的事,在策划、设计、实施装修的几个月时间内,书店应将一部分精力投放在这个方面。

比如,哈尔滨果戈里书店,由于是新创建的企业,所以起步时就有意识地进行了书店文化的设计。

2016年1月,我在千家实体书店大会上做演讲时说:

"做书店一定要追求文化力。我经常问我们书店的经营者,你读书吗?如果一个经营书店的人不读书你怎么可能有文化呢?怎么可能服务读者呢?没有文化怎么能号称自己是一个文化人呢?这是传统书店升级改造根本上的问题,你必须热爱书,必须有文化,必须用文化去开展你的书店转型。我刚才说的'做有灵魂的书店',也就是说'灵魂在于文化'。如果我们把所有的文化凝聚在书店的每一个细节当中——包括服务——你的书店才能给读者带来温暖。如果你依然没有文化,你用再多的钱做再漂亮的书店,你的书店依然是要倒闭的。"

"文化+"其核心是赋予事物文化内核、文化属性、文化精神、文化活力、文化形态和文化价值,为事物植入文化的DNA。

第二节 转型升级要有最美的追求

自从有"最美书店"概念之后,很多省份都开始评比省级最美书店。媒体都以最美书店为标题,我本人也是,喜欢用"最美"作为做书店的追求,这同样是各实体书店转型升级的追求。

只是,在没有"最美书店"统一标准的情况下,人们往往将着眼点放在可视性的书店装修视觉感受上,结果是越来越看重空

间设计的视觉感觉，甚至认为最炫、最复杂的、使用最先进装饰材料的书店是最美书店。其实，如果这样，只能称之为"装修得最美的书店"。

正如人之美，是心灵、思想、外在和内涵的统一美，"最美书店"也应是综合考量。

所以，我提出对"最美书店"的理解是：
◆ 最美空间
◆ 最美品质
◆ 最美服务
◆ 最美体验
◆ 最美创意

只有具备了这些美，才能成为读者心目中的"最美书店"！

最美空间

空间最美，似乎从视觉上容易识别，但其实不然，因为这个美并不仅仅是视觉的，而是书店空间所传递的独特气息感受。这种感受是文化感、阅读感、舒适感、体验感、温暖感的综合，也是我做书店空间设计的追求。

最美品质

书店品质体现在多个方面，包含书店精神追求的品质、图书和其他产品的品质水准、团队的质量、服务的品质，甚至包括平面设计、店员服装等各种细节所体现的品质。这种对书店内在品质的追求，是让进入书店的每一位读者都能感受到的整体气质。

果戈里书店图书管理员在婚礼上朗诵世界著名爱情诗

最美服务

服务的品质更是构成最美书店的主体要素,包括服务的内在品质、硬件品质、软件品质、即时品质和心理品质等方面,而不是那种教条式的服务规范或简单的礼仪。

最美体验

我们对"体验感"的理解常停留在"参与性"或"互动性"上,其实差异性、感观性、知识性、参与性、记忆性、关系性等都是书店体验的组成内容。而书店所提供给读者体验感的水平,从读者的角度,可以用"最美"去作为考量的标准。

最美创意

实体书店作为内容传播的场所,创意之美会提高人的文化内涵,带给读者心灵的触动以及感观的享受。无论是场景的创意、活动的创意,还是图书平面广告的创意,传递给人的都应是美感。

哈尔滨果戈里书店策划的中国首家实体书店欧式婚礼,从布置到内容,不仅呈现出创意之美,更展现出书香气息之美。

比如,我们的"最美书店的最美婚礼"广告宣传词。

我们的图书管理员在婚礼上为新人朗诵世界著名爱情诗篇,也体现了创意之美,令在场的来宾感动,让新人感受到幸福。

哈尔滨果戈里书店营业时间是早9点至晚10点,哈尔滨的冬天,夜里一般都在零下20多摄氏度,但我发现晚上仍然有人在19点、20点到书店来读书,并且带着孩子。有一天晚上21点30分的时候,我看到一个妈妈带着一个小女孩来到书店门口,孩子被裹得严严实实的,她把孩子身上的雪拍一拍走进书店。我问她这么晚了还来?她说她习惯了,带孩子来附近吃饭,看还有半小时,还能带孩子来看一会儿书。我说:"这么晚了,还带着孩子过来,为什么?"她说:"我很喜欢这家书店,这家书店就是我一直想要的书店,它给我一种温暖。"就这"温暖"两个字让我心中很热,我知道这个"温暖"不是与寒冷相比的温度,而是心中的温暖感受。这是最美的温度。

第三节 文化营销和跨文化营销传播是关键

我认为,从文化产业的角度来思考,书店是文化产业中的一个子环节,而做书店的最高形态应是"做文化"。文化给书店带来的想象和发挥空间也是巨大的,所能创造的产能和价值是传统书店无法比拟的。问题在于,我们懂不懂文化,会不会做文化。

我们常常把"文化地标"作为书店的创建目标,因此书店首先要有"文化味儿",而且书店中的文化应贯穿于每个细节,比如空间设计的文化感、书店文化服务的能力等,甚至细微到店堂内的每一幅广告及海报。我常给书店同仁讲,"文化营销"应将产品、企业、品牌赋予丰富的文化内涵,并善于进行"文化营销传播",即"以文化为卖点或手段来营销产品和服务的传播活动"。同时,还要学会"跨文化传播",即"属于不同文化体系的个人、组织、国家之间进行的信息传播与文化交流活动"。转型后的书店开发新业态也好,展开线上线下O2O也罢,必须贯穿以书店文化品牌为基础的灵魂与气质。

另外,实体书店虽已纷纷建立了自己的网络销售渠道,却只是简单地将线上的销售当作渠道的补充及新技术的运用。其实,无论是实体书店还是线上书店，其服务、理念、手段都必须围绕书店品牌建设来达到高度统一，同样应具有文化服务的灵魂。

事实证明，我策划的六家实体书店之所以能够成为国有书店转型升级的成功案例，就是在文化营销传播及跨文化传播营销上下功夫，从而迅速受到读者的热爱，也赢得了读者的忠诚度。比如，我策划了首家实体书店欧式婚礼，现在，此项目成了哈尔滨果戈里书店的常规盈利项目；将户外项目与阅读项目结合策划了"果戈里书店奇妙夜"；在黑河普希金书店策划了网络电台直播节目，把播音室放进店堂；策划中国第一家实体书店视频脱口秀"阅途"节目；成立了中国第一家实体书店室内乐团；将阅读指导与旅游结合起来，策划了"书海游学"项目，以及"朗读者计划"。

总结：从书店业务的角度看营销，我做书店，其文化营销策划是成功的关键，同时强调"跨"字，虽说没有跨出不同文化环境，但打破了传统书店思维营销模式，大胆地将相近的文化形态引进书店。

> 交响乐团与书店
> 芭蕾舞与书店
> 脱口秀视频与书店
> 旅游与书店
> 网络电台与书店
> 户外活动与书店
> 跑步与书店
> 录音制作与书店

哈尔滨果戈里书店狂欢圣诞夜方案
（用于网络和平面宣传）

标题：
比童话还梦幻的夜晚，果戈里书店圣诞派对重磅登场

副标：
果戈里书店狂欢圣诞夜——
"与茜茜公主那场优雅的邂逅"大型派对上演

文字：
每个少女的心中都有一个"茜茜公主"，充满浪漫色彩的电影《茜茜公主》中，演员罗密·施奈德美丽活泼的身影几乎成为一代人心中珍藏的记忆。

茜茜公主的美，即使跨越了一个多世纪的时光，仍然让人念念不忘。因为茜茜公主是美丽、尊贵、优雅、梦幻、浪漫等所有美的代名词，只要有爱、有美的地方，都能看到茜茜公主的倩影。
在中国最美的欧式书店里，让我们重温经典，回忆少女时代公主式的浪漫梦想，在书店这座知识的城堡中，追寻精神贵族的那份尊贵与优雅，让梦幻和浪漫在城堡里自由飞翔。华灯溢彩、轻音曼妙、修身长裙，让我们拉着手翩翩起舞，沉浸在欢快的旋律之中，让我们深情凝视，恍若隔世……

在哈尔滨果戈里书店"阅读文化节"期间，12月24日、25日、26日连续三天，"与茜茜公主那场优雅的邂逅"大型派对重磅登场。原汁原味的欧式风情，经典的皇室舞蹈为您呈现浪漫传

奇。来吧，人人都是派对主角，以茜茜公主为主题的经典回顾、新编热舞、专业舞台剧、台词朗诵、配音竞赛、化妆舞会……一场从未有过的阵容，震撼心灵的体验，视觉的饱满享受，让我们以最优雅、最高贵的姿态，在这比童话还梦幻的夜晚，实现梦想！邀请您来参加！25日通宵狂欢夜，将是一场读书人的文化盛宴！

友情提醒：
每场报名前二十名的女士，将免费提供化妆、茜茜公主舞裙一套，并由哈尔滨师范大学艺术学院的著名编导排练宫廷舞蹈。
全场提供西餐自助及经典咖啡，人人有奖并有惊艳大奖。

活动内容：
1. 开场热舞《人人都是茜茜公主》；
2. 俄罗斯芭蕾舞团经典芭蕾舞表演；
3. 小提琴艺术家圣诞轻音乐会；

4. 专业舞台剧《茜茜公主》；

5. 茜茜公主化妆舞会；

6. 电影《茜茜公主》经典台词朗诵及现场配音比赛；

7. 怀旧金曲演唱团表演；

8. 整点抽奖。

注：25日通宵狂欢场活动倍增。

时间：2014年12月24日 18:00—21:00（黄金场） 21:00—24:00（午夜场）
　　　2014年12月25日 18:00（通宵）
　　　2014年12月26日 18:00—21:00（黄金场） 21:00—24:00（午夜场）

地点：果戈里书店

票价：98、298、398、520、598元

购票地点：哈尔滨市南岗区果戈里大街164号

大麦网网址：www.damai.cn

预定专线：0451-82631818 / 82315656

"绿色行走·快乐阅读"大型公益活动
走路去读书

活动发起：黑龙江出版集团

"走路去读书"是一项蕴含人文理念，以"绿色行走·快乐阅读"为主题的大型公益活动。它将培养"零排放"徒步绿色出行的健康习惯，倡导"全民阅读"新生活理念。活动主题涵盖了"绿色出行""阅读习惯""走路健身"，以及"城市文化"等多维度社会关注的焦点，为解决城市人文环境建设、民众文化建设等问题，提出了新的思路和方向。

通过书票收集、媒体手机客户端验证码、现场报名三种方式，均可获得本活动参与资格。参与者将得到由哈尔滨果戈里书店免费提供的电子计步器一个。电子计步器累积10 000步，即可到哈尔滨果戈里书店享受体验式借阅图书、文化名人讲座、新书签售会、读者见面会、艺文展演等诸多公益活动回馈。

走路，255卡/小时，用脚丈量世界。
读书，405字/分钟，用心感知生活。

领取时间：2014年10月2日 9:00—22:00
领取地点：哈尔滨市南岗区果戈里大街164号 果戈里书店

我们邀请您为此公益活动拍一段视频，请在视频内朗读以下文字："热爱生活，品味经典，让我们走路去读书。我是某某某。"感谢您对公益事业的大力支持！

自拍视频请发送至gogolbookstore@126.com
我们提供专业新闻摄像团队免费为您拍摄，拍摄热线：15504612334

果戈里书店12月24日重装启幕
构筑阅读文化产业新生态

人民网12月24日电（陈静） 12月24日，有"中国最美欧式风格书店"之称的果戈里书店重装启幕，全面开放三楼空间，并将二楼、三楼共上千平方米的书店业态全面升级，打造独具一格的文化创意空间。

中俄青少年文化艺术交流基地落户果戈里书店

果戈里书店与俄罗斯远东联邦大学合作，建设中俄青少年文化艺术交流基地、俄罗斯语言文化交流中心，同时启动实施《晨读经典》中俄经典文学艺术名著导读版系列丛书出版、俄罗斯芭蕾艺术展演等项目。该中心还将举办"文化创意与经贸交流"中俄青年企业家专题论坛，深入探讨中俄青年企业家经贸合作的发展机遇与创新模式。

首创果戈里书店阅读文化节

12月24日至26日期间，果戈里书店将以"与茜茜公主那场优雅的邂逅"大型派对作为启幕大戏，为读书人提供一场前所未有的文化盛宴。同时，中俄青少年文化交流系列展演、2014年度优秀图书展与阅读分享会、"果戈里书店大家讲堂"系列文化沙龙、"读书人的中国梦"果戈里书店新年诗会、果戈里书店新年音乐会等，将作为文化节的主要内容纷纷拉开帷幕。

新媒体全民阅读推广类视频节目《阅途》上线

《阅途》是一档由果戈里书店策划与制作的中国首家实体书店自媒体阅读文化类脱口秀视频节目。《阅途》以文化引导及阅读推广为宗旨，由作家、出版人、果戈里书店总策划三石先生主持，节目信息量大，语言轻松幽默，可谓有观点、有温度、有深度。

"百家专业图书馆"筹建项目启动
以"阅读、专业、卓越"为宗旨，果戈里书店拟为黑龙江省内各科研及企事业单位定制100家中小型图书馆，借助黑龙江出版集团的图书发行资源和专家学者队伍，运用高级咨询式图书选配模式，根据不同单位的专业属性和相关资源链对知识的拓展需求，量身订制图书借阅及管配服务，按月或按季度调配新书，定期提供学者论坛和名师讲堂等专业技能培训指导服务。

果戈里书店文化创意创业圆梦基金会成立
为努力推动黑龙江省文化创意产业繁荣发展，果戈里书店将创建文化创意创业圆梦基金会，集聚企业家、专家学者等优秀人才，为文化创意创业者们提供圆梦机会。基金会将为创业者提供公益讲座、专业培训、交流合作等契机，从创业者的方案中优选最有商业价值的文化产业创业计划，由企业家们提供基金支持，专家学者提供智力、资源支持，帮助文化产业创业者圆梦。

国内首家书店迷你剧院——果戈里书店迷你剧院落成
果戈里书店将为读者定制体验式音乐、舞蹈、戏剧文化大餐，这在国内实体书店实为首家。果戈里书店将剧场模式搬进书店，并以经典文化艺术作品为脚本，精心改编成可以让读者亲身参与的音乐会、舞剧。24日，第一场俄罗斯经典芭蕾艺术展演和"与茜茜公主那场优雅的邂逅"将在迷你剧院首演。

全数字专业录音棚走进书店，打造"读者好声音"

果戈里书店与黑龙江教育出版社数字出版部合作，在书店内建立专业录音棚，满足广大读者日益提高的文化生活需求，为读者定制私享声音大碟，可以是单曲，也可以是私人演唱专辑CD；可以是戏剧、曲艺，也可以是朗诵与配音作品。同时为读者设计个性包装，供私人珍藏，或馈赠亲朋好友。

提供数字阅读与按需出版服务，打造新阅读体验馆

顺应读者阅读习惯的改变，为读者提供一个绿色、开放的数字阅读平台，积极展示黑龙江出版集团数字出版成果，帮助读者体验数字阅读魅力。同时将率先在全省开创最先进的按需出版"时光银行"项目，为读者实现个性化出版服务，读者的个人文学作品、美术摄影作品，甚至家庭影像均可通过"时光银行"按需出版，一册即可起印，最大限度满足读者需求。

提供"深阅读"空间，为读者定制私人书房

书店是读者心灵的栖居，私人书房则是读者安坐喧嚣闹市中的沉静归所。果戈里书店将打造VIP会员专享私人精致书房，提供人文社科、商业经济、生活时尚以及港台、英文、俄文原版图书，多达5 000余册。在以"快餐式、随意性、碎片化、享乐化"为特征的浅阅读成为趋势的今天，果戈里书店私人书房以"有理想、有温度、有深度"为理念，提倡深度阅读，从独特角度入手，提升大众阅读能力。

来源：人民网(北京)2014年12月24日

CHAPTER 6

再造有温度的
内容营销与黏性营销

第六章
再造有温度的内容营销与黏性营销

第一节 内容营销是实体书店最有价值的营销战略

可能出版业一直认为自己经营的就是内容，书店认为自己传递的就是内容产品，反而在内容营销方面十分缺失。有一次，我为一家发行集团策划全省性的全民阅读活动，设计了"百名编辑百家书店讲书"活动，即让编辑去书店向读者讲述自己所编辑的图书及书里书外的故事，让读者更能理解书的内容，从而激发购买的欲望。结果这活动没能执行下去，因为很多编辑不太会讲书。其实，编辑是第一营销者，向自己上级申报选题、向出版社发行部推广、向媒体推荐、向读者推介等，如果编辑能像讲故事那样把内容绘声绘色地讲出来，那么他的营销效果一定胜过任何一位营销员。

哈尔滨果戈里书店初创时期制定了一个制度，即每周二下班后，召开员工读书会，每一个员工讲一本本周所读的书。这样，如果是十个员工就同时了解了十本书，培养了员工讲书的能力，员工向读者推荐图书自然得心应手。

佳木斯新华书店也定期组织员工讲书活动，每周一次，在书店店堂的舞台上对读者讲书、推荐书，并形成竞赛机制，每期评比。此项活动，大幅度地提升了员工推荐图书的水平。

其实,这就是我们实体书店内容营销的一个基本能力,营业员要能将自己所销售的图书准确、简练地描述出来,还要像讲故事那样亲切、生动,从而吸引读者。

通俗地说,内容营销就是创建一个跟消费者相关的、有价值的、有吸引力的内容,并把这些内容分享给我们的目标受众,通过这些内容来吸引他们购买,这种思维方式就是内容营销。

内容营销可以说是最有价值的图书营销形式,它能够帮助读者提高对图书内容的认知度、参与度,从而促进销售。在书店,讲绘本活动本身就是一场内容营销。我本人也十分注重书店里的绘本活动,培养书店自己的"绘本姐姐",这类活动场场爆满,得到孩子们的普遍欢迎。牡丹江书城开业不久,就邀请当地著名的儿童节目主持人共同创办了"伟然阿姨讲故事"栏目,主持人带来了她的万名小粉丝,很快就提升了书店儿童绘本区的知名度。

佳木斯新华书店营业员介绍图书

说到绘本，有另一则营销策划案例。哈尔滨果戈里书店刚开业一周，门店经理就打电话向我请教，说来书店的孩子特别多，但是破损的图书也特别多，很多书的内页都被撕掉了，防不胜防，但又不能生硬地制止，怎么办？

（哈尔滨果戈里书店定位在主营人文社科、经济管理、文学艺术类图书，但以用户思维来思考，如果书店提供部分儿童图书，就会增加带孩子的顾客来书店阅读的机会。）

第二天，我策划了一个名为"小小图书管理员"的活动，即"让孩子管孩子"。

哈尔滨果戈里书店
"小小图书管理员"海选招募启动！

为了丰富广大少年儿童的课余生活，充分发挥哈尔滨果戈里书店在未成年人教育中的社会职能，培养少年儿童对于图书的热爱，加强少年儿童社会实践锻炼，增强少年儿童的沟通能力，增进少年儿童对社会的责任感，果戈里书店向广大家庭中的小读者发出开展"小小图书管理员岗位体验活动"的邀请，为小读者提供参与社会实践的平台。

—主办单位—
果戈里书店
哈尔滨电视台都市资讯频道《淘你喜欢》栏目组

—活动报名时间—
第一期：2014年10月22日—2014年10月30日

小小图书管理员【培养计划】

—活动地点—

哈尔滨市南岗区果戈里大街164号 果戈里书店

—活动对象—

3周岁以上小读者，身体健康，喜爱读书，乐于助人

每期限招30名（以报名先后顺序为准）

—活动内容—

1. 果戈里书店图书管理员将带领志愿者参观果戈里书店，帮助志愿者了解果戈里书店少儿阅读区的工作内容，带领志愿者学习简单的图书分类知识、学习如何养成良好阅读习惯。

2. 经选拔志愿者正式成为"小小图书管理员"。在少儿阅读区图书管理员的带领下，"小小图书管理员"将负责维持少儿阅读区的秩序，帮助小读者查找图书、整理图书，学习如何修复破损图书。

—活动要求—

1. 参加社会实践期间，"小小图书管理员"要按时到店参加活动；

2. 参与社会实践的"小小图书管理员"要有礼貌，并有认真负责的态度；

3. 小小图书管理员应处理好学习和课外活动的关系，做到学习、社会实践两不误。

—报名方式—

1. 网络报名

（1）通过扫描微信二维码或查找添加"gogolbookstore"账号，关注果戈里书店的微信公众平台，编辑"小小图书管理员+姓名+年龄+联系方式"的信息，并发送至微信平台；

（2）通过关注"果戈里书店"官方微博，编辑"小小图书管理员+姓名+年龄+联系方式"，发送私信给果戈里书店官方微博；

2. 电话报名

联系电话：0451-82631818

3. 现场报名

请到服务台登记参与活动的小朋友的"姓名+年龄+联系方式"。

果戈里书店"小小图书管理员"的入选结果将在果戈里书店的微信公众平台、新浪官方微博予以公示。

这个活动得到了家长和孩子们的热烈响应，每天"小小图书管理员"在儿童图书书架前整理图书、向孩子们推荐图书，轻声地告知其他孩子如何保护图书，文明阅读。我将这个活动发布到微信、微博上后，很多书店争相模仿，山东、云南、江苏等地书店现都有此活动，在当地书店也成为一道独特的风景。

如今，各地实体书店在内容营销上都有所加强，表达方式更有创意，内容更有趣味性和创意性，传播和分享也更有计划性和系统性。同时，针对不同类型的读者营销方式也更为精准化，粗放式的图书营销时代将会结束。

除围绕图书产品本身进行内容营销外，我们对书店本身的内容营销策划也非常重视。我一直把书店作为一个产品来策划与包装，在策划书店的同时即同步策划书店的核心价值、能体现价值的新闻内容、顾客希望接受的书店信息等，并通过各种传统渠道和新媒体渠道推送给顾客，不停地打造并夯实书店品牌。

我曾多次引用一句话：一个总编，胜过一百个销售人员。这其实就是指内容营销的力量。

我曾给媒体和朋友讲过发生在哈尔滨果戈里书店的故事，结果引发很多人对哈尔滨果戈里书店的向往。

哈尔滨果戈里书店开业后一个多月，有一位60岁左右的女性带了一幅十字绣作品送给书店，十字绣展现的是一个欧洲图书馆模样的场景，一位男士站在高高的梯子上伸手在高书架上取书。她说:"我是特意花了两个星期专门为书店绣的,今天送给你们。"她继续说:"我就在果戈里大街长大,从年轻时就喜欢欧洲文学,自己一直梦想着在我们哈尔滨也能有一家像莎士比亚书店那样的书店。哪知你们竟然实现了我这个梦想!开业那天我来书店后激动不已,太喜欢这个书店了。回去后,我就花了两周时间绣了这幅画,今天送给你们,表达我对你们的感激之情。"

这幅十字绣作品现陈列在哈尔滨果戈里书店内。

我策划的实体书店文化品牌"朗读者计划"同样属于内容营销,它于哈尔滨果戈里书店开业当天正式启动。此活动不仅为读者提供了朗读的机会,具有极强的感染力和黏性,而且在活动中产生了许多

令人动容的场景。在哈尔滨果戈里书店，有位盲人读者为了感谢书店帮他订购盲文图书，上台朗读了自己改编的诗《光明天使在身边》："……我知道，我不孤单，因为有你，果戈里书店，光明天使在人间。"有位李女士带着10岁的女儿在台上朗读著名绘本《猜猜我有多爱你》，这一天是李女士结婚10周年的纪念日，她借"朗读者计划"的舞台，向长期在边疆工作的丈夫表达自己的爱。

这些故事，被哈尔滨果戈里书店的图书管理员们创作整理成了小话剧，在新闻系统内演出，感动了许多人。

在盐城阜宁书城和井冈山红色书店，都有连续二十几天到书店参加"朗读者计划"的读者。红色书店的一位小读者连续一个月来排队朗读，她说要将她喜欢的每一本书都读一次并买回家。我在微信、微博以及我的培训课上讲给大家听后，传播力极强，大家都记住了"朗读者计划"这个实体书店文化品牌。

针对书店本身，接下来我还会做怎样的内容营销呢？也许，我会将发生在书店中的故事写成小说，甚至我会拍成一部关于书店人与人、人与城市、人与阅读、人与书店的电影。

书店，要学会自我营销，将书店作为产品进行内容营销。

在策划果戈里书店时，我除书店本身外，第一考虑的就是出版，即如何用出版物来体现书店的气质，以及拥有书店自己独特的灵魂。由于黑龙江教育出版社为果戈里书店投资主体，员工大多为出版社编辑，所以其一我建议在果戈里书店内成立编辑部，作为果戈里书店业态中的出版板块。其二，为哈尔滨这个城市以及中俄交流策划一本MOOK书。

于是,我策划出版了果戈里书店MOOK书《白·夜》,"一本贯通亚欧文化的生活志,具有独特精神气质的文化读本",周期为一年一本。第一辑主题为《教堂之城》,2014年10月1日果戈里书店开业那天首发。第二辑为《音乐之城》,2015年10月1日果戈里书店成立一周年店庆时首发,成为第一本从不同角度记录这个城市历史的读物。国家新闻出版广电总局副局长阎晓宏在果戈里书店里认真翻阅《白·夜》,精准地称之为"城市之书",高度肯定果戈里书店策划的出版物为城市文化所作的贡献。

同样，我在策划井冈山红色书店时，以同样的思路与江西教育出版社合作，策划出版了红色文化系列读本《阅井冈》第一辑，并于红色书店开业的那天首发，得到了红色文化研究的诸多专家的肯定。

在歌德书店，我和辽海出版社合作策划出版了中德双语版《歌德名言》，歌德书店专卖并在歌德书店开业时首发。

《阅井冈》第一辑

中德双语版《歌德名言》

再造有温度的内容营销与黏性营销

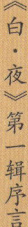

《白·夜》第一辑序言

第二节　黏性营销是实体书店竞争的利器

我曾说一些重新装修的书店给人"冷"的感觉，留不住人，没有灵魂，没有黏性；我也曾介绍过我提出的新的考量书店经营水平的公式——"平效+人效+频效"。高频效，就是要体现书店对顾客的高黏性，让读者来书店，而且反复来书店。

检视客户黏性的方法很简单：当客户在需要某种产品或者服务时，第一时间想到你的时候，才能真正说客户黏性很强。也就是说，如果读者想购书或是阅读时，第一时间想到你的书店，那才真正地证明了书店的黏性。

读者黏性是一家书店保持吸引读者反复来光顾的能力。

黏性营销必须从长远利益的角度来考虑，要让你的顾客先对你、进而对你的产品产生感情、产生依赖。黏性营销要做的就是让你和顾客成为朋友，没有距离。

走进读者的心，让读者永远爱上你。

首先我们的一切服务行为得自己走心，无论是提供的图书产品，还是服务、体验，都要围绕读者需求而定，他们需要怎样的产品、怎样的服务、怎样的体验，都是我们要研究的。

哈尔滨果戈里书店上午9点上班，有读者8点半就站在门口等。员工基本到齐后，我们便会为读者提前开门，不让他们在门口等得太久。晚上22点下班，有读者仍在看书，我们会默默地等15分钟，再上前轻轻地提醒他已经打烊。这种细节不是写在服务规范里的，而是从内心出发对读者的尊重。读者热爱书店，我们的心里是满满的幸福，我们的体贴服务，读者也是满怀欣喜。对读者而言，这就是最佳的阅读体验。

黑河普希金书店的营业面积只有300平方米，所设置的阅读桌椅数量已经达到了最大的限度，众多的读者喜欢席地而坐，书店马上采购软垫提供给读者，给读者以温暖。

情景、产品、服务、体验等一切细节，都能触动读者内心的感觉。

有两个走心的细节：一是音乐；二是味道。

我十分注重书店背景音乐给读者的感受和记忆。几家书店的音乐都是我亲自精选。在哈尔滨果戈里书店，背景音乐永远是缓缓流淌的钢琴曲，润物细无声地留给读者听觉的印记。有一位读者告诉我，他在一次旅游时，停在马路边上的一辆汽车内突然飘出了一段熟悉的钢琴旋律，他立即心头一暖，脑中浮现出果戈里书店的场景。他说那感觉太奇妙了，平时在书店并没有注意这些背景音乐，但是在外面一旦听到这些熟悉的旋律，对书店的记忆就会喷涌而出。

有一家书店，我们委托专业音响公司设计各楼层的背景音响系统，结果安装好后，我才发现一个重大问题。音响公司将书店当作大型卖场模式设计的背景音响系统，即统一布线安装音箱，统一由一个终端播放音乐。那天我急了，因为每个楼层的读者群体不一样，音乐的提供也必须有定位，你不可能整楼播放儿童音乐，也不能整天在儿童图书区域播放流行歌曲。所以，必须分层向不同的读者群播放不同的音乐。

书店的味道，不仅仅是书香。我们常常讲"来书店体验书香"，其实只是形容阅读的感觉，在此，我所强调的是"气味营销"，即特定气味吸引消费者关注、记忆、认同以及最终形成消费。我正在研究，读者喜欢书店怎样的味道。

精神分享才是书店黏性的本质。

实体书店是连接人与人、人与书、人与书店的文化空间，它的独特魅力在于提供各种阅读的场景以及面对面交流与分享的机会。在这里，精神分享才是书店黏性的本质。因此，我策划书店时考虑较多的是如何营造精神分享的场景氛围，接着再考虑如何策划读者精神分享的活动。

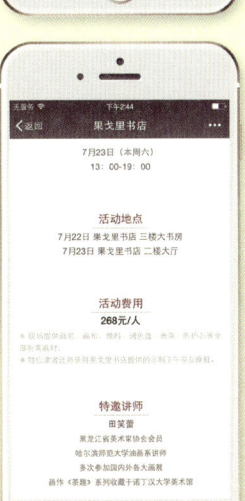

第三节　提高读者忠诚度是书店可持续发展的核心要素

网络书店抢占了实体书店的市场，究其原因，除了折扣优势与购买便利之外，还有一个长期培养读者购买习惯以及忠诚度的营销模式。在网络书店购书，折扣和便利虽是购买的主要原因，但网店对每一个购书客户的手机短信、E-mail、积分以及根据客户购书习惯推荐相关图书书单等服务，让读者对其越来越依赖，形成购买习惯，甚至忠诚。这让我想起一些实体书店在营销中最缺失的一个重要概念：读者忠诚度。

促销、降价的手段，不能提高顾客忠诚度，只会使品牌的"逐利顾客"增多。

哈佛大学通过对140多个企业进行长达10年的调查研究发现：当客户忠诚度提高5%时，企业的利润提高45%~85%。忠诚的客户是企业最有价值的资产。从企业战略实施层面来看，提高客户忠诚度是企业可持续发展的核心要素，忠诚的顾客是企业最宝贵的财富。

客户忠诚度，是指客户对企业的产品或服务的依恋或爱慕的感情，它主要通过客户的情感忠诚、行为忠诚和意识忠诚表现出来。其中情感忠诚表现为客户对企业的理念、行为和视觉形象的高度认同和满意；行为忠诚表现为客户再次消费时对企业的产品和服务的重复购买行为；意识忠诚则表现为客户做出的对企业的产品和服务的未来消费意向。

我常听书店的同仁对我说："我们精心装修书店，提供这么好的条件，可是不少读者来书店吹着空调，坐着沙发，一来就是一天，结果离开书店时，掏出手机扫描书架上的书后，直接在人家网店下单，这些读者根本没有一点忠诚度。"

可读者又凭什么忠于实体书店呢？实体书店对读者忠诚吗？

你知道你的读者在哪里吗？你拥有读者数据库吗？针对读者的缺书登记或是相关投诉你妥善处理了吗？你长期培育和维护你的读者了吗？

因此，我们的实体书店当务之急是要制订"读者忠诚度计划"来培养客户忠诚度，并把它提高到一个企业战略的高度，以提升自身的长期竞争力。

从理论角度而言：

其一，我们要通过各种技术手段细分和研究读者，尤其是研究读者的购买行为，借助数据库锁定目标客户，用更有价值的服务给读者以尊崇感受。

其二，以服务定位差异化为先导，大打差异化服务营销牌，优化服务营销能增强读者的忠诚度，杜绝服务中的表面功夫。

其三，学会设计长期的忠诚度计划和模块，无论是利益激励、读者沟通，还是增值服务，都要技术化、模块化，便于执行。

其四，实施企业形象营销策略。在这方面，我们往往从企业的角度而不是从读者的角度来进行企业形象营销，书店要学会以公共关系策略为手段，以文化建设为核心，通过有效的传播、沟通技巧构建良好的人际关系、最佳的社会舆论，赢得社会各界广泛的信任与合作，长期不懈地塑造优秀的企业形象。

其五，重视人性化营销及读者关爱体验，无论是环境还是服务都要围绕这一点去做，要善于从人性化的角度考虑问题，于细微之处体现出对读者的体贴与关怀。

从实战角度而言：
培养客户忠诚度最为有效的方式就是会员制。

多年来，大多书店的会员制基本就是个打折制，会员卡就是个打折卡，没有服务，没有互动，甚至书店对会员都不忠诚。

我在做书店培训时，经常问书店人员一个最简单的问题：

"书店组织一场名人签售、明星见面会或作家报告会，会场最前一排位置你预留给你的核心会员了吗？"

回到实体书店转型升级的原点，针对读者忠诚度的话题，首先要升级的是会员制。

从书店会员制取名这个细节，也能看出我们会员制水平的高低。我研究过不少国有书店会员卡，发现大多会员卡的取名都不太容易吸引年青的读者，比如，"新华书店读者俱乐部""书缘读者俱乐部""会员悦读卡"等。

果戈里书店为会员制项目开过多次策划会,要求:一是针对精准目标人群策划不同的会员制;二是策划能抓住读者"痛点"的会员制的名字。

比如,我们将针对中高知识层次的女性的书友会取名为"名媛书友会",针对这批目标会员策划了符合"名媛"群体的丰富多彩的活动,会员们常常自豪地告诉朋友:我是果戈里书店"名媛书友会"会员。

很多人说这是一场传统书店会员制的革命,而这革命是从取名开始的。其实,这同样是用户思维策划会员制。

回顾书店策划的"名媛书友会"活动,你会发现,"名媛书友会"所策划的是一个浸润着最美的女性文化的盈利模式。

在此,与大家分享我设计和运营忠诚计划所遵循的11个原则:

1. 把最好的资源提供给最好的会员;
2. 要有与众不同的核心利益;
3. 提供个性化服务的软激励;
4. 适当使用硬激励;
5. 善用会员活动的影响力;
6. 提供一系列仅限会员参与的独特活动;
7. 卓越的服务是客户忠诚计划的基础;
8. 保持良好的会员沟通;
9. 给予会员更多便利性和选择性;
10. 加强会员推荐的应用;
11. 利用"读者忠诚度计划"弱化在服务和产品质量上的失误。

果戈里书店微信公众号案例

徜徉书海，伴书香入眠，快来果戈里书店过一个难忘的奇妙夜！

2015.9.9

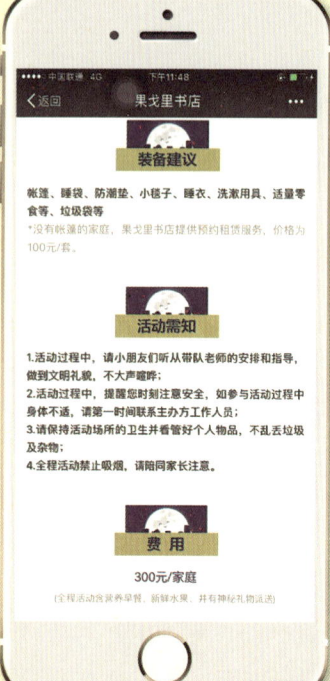

再造有温度的内容营销与黏性营销　173

果戈里书店微信公众号案例

深度解析新三板，洞察资本市场结构转型新趋势
果戈里书店财富文化论坛
2015.12.17

果戈里书店微信公众号案例

少年正当时，青春不散场
果戈里书店·毕业季：哈三中高三17班毕业典礼纪实
2016.6.22

CHAPTER 7

书店文化传播的
新思维、新技术

第七章
书店文化传播的新思维、新技术

第一节　实体书店要提升社会化营销能力

我是一个善于利用新媒体营销的媒体人、出版人，曾在清华大学为出版人培训互联网营销、新媒体营销技术。在为书店策划时，我也曾做过很多场相关的培训，指导书店同仁运用新媒体进行图书推广。

帮助实体书店转型升级，社会化营销、移动互联网营销、新媒体营销是我策划的重要内容。

 果戈里书店 V
6月17日 20:13 来自 iPhone 5s
果戈里书店爱乐乐团弦乐四重奏的经典中外名曲联奏，俄罗斯远东联邦大学师生带来的俄罗斯民族舞和经典芭蕾…这是果戈里书店·中俄文化艺术交流周的开幕演出，果戈里书店将持续带来苏俄口琴演奏会、经典俄罗斯影片展映等系列活动，艺术飨宴，期待您的关注与参与！　◎ 哈尔滨·革新

令人不解的是，在这个人人皆媒体的时代，不少的实体书店存在这样的怪现象，就是不允许读者在店堂内拍照。2015年，我在一个地市级国有书店用手机拍照片时，就受到书店营业员的严厉指责，让我看墙上张贴的"严禁拍照"的牌子。

我曾做过分析，那些不允许读者拍照的书店，网络上有关他们的信息少之又少。

在这个人人皆媒体的时代，社交媒体成为重要的新闻来源之一，为大量的受众提供了获取各类信息的渠道。同时，这是一个重分享的时代，回应、讨论、争辩、二次创造，我们更多通过陌生人随机分享的内容来了解各类事件。如果我们的书店信息被大众在社交媒体上不断地讨论与分享，其传播力非传统媒体所能比。

任何社交媒体都是一个营销利器，其核心是整合能力，这种能力是要将传播内容与营销整合在一起。创意力、文化力、传播力是关键，实体书店应运用、运用、再运用，实战、实战、再实战。

微博、微信这两大传播工具是我策划书店营销的重中之重，各家书店都高度重视并派文化水平较高的员工负责。哈尔滨果戈里书店则由一位文学硕士编辑负责。我除协助他们策划及统筹外，就是监控，即每天晚上在新浪微博上搜索"果戈里书店"关键词，看大家在分享果戈里书店的什么信息。讨论什么话题，以及对书店的建议和意见，有时我会对一些核心问题亲自回复，读者拍摄果戈里书店的精美图片我会转发。

当然，我还会在微博上进行危机公关。所以，社会化营销能给实体书店带来的是：基础曝光、关注度、测试口碑。测试口碑功能可以让你看到你根本想不到的读者意见和建议。在我眼中，这些意见和建议是极具创意的，一旦看到微博上读者的批评或是议论，我马上会转成新的策划方案在书店实施以弥补不足。

从理论上说，社会化营销是指利用社会化媒体（微博、微信、博客、音频、视频等）特性把握不同人群在不同社群的行为特点进行作品的创意化设计，从而传播产品的品牌、提高用户忠诚度、提升品牌和促进销量的营销方式。当下，VR营销模式已经开启，将会带来新的营销传播革命。

在我眼中，实体书店的社会化营销应是一把手工程：

其一，人人皆媒体，书店经理更是书店文化传播的主要媒体。相对员工，其权威性更强。现在我所策划的几家书店的经理，都是微信高手，书店微信公众号的转发，书店各类文化营销活动的场景发布，以及原创的关于书店经营的思考，发布及时，传播力强。

书店文化传播的新思维、新技术 | 179

其二，社交媒体均为营销传播工具，尤其是博客、微博、微信、论坛。我曾看到业内有经理把微博、微信传播当作编程技术的工作，高薪引进计算机人才组建专业部门进行社交媒体的运营和管理，让人哭笑不得。以微信来说，其实就是一份报纸和杂志，我们需要的是记者和编辑。所以说，哈尔滨果戈里书店微信公众号常常位列全国实体书店微信公众号前十名，关键在于由有创意的专业编辑承担运营和管理。

以下是我的几点做法：

1. 鼓励读者在店内拍照后分享微信、微博；

2. 书店创建官方微博和官方微信公众号；

3. 书店指定文化水平高、策划及创意强的员工负责官方微博和微信公众号，所有新媒体运营人员均为营销策划团队人员，共同策划营销活动；

4. 中大型书店，每天都要更新公众号信息，小型书店两天更新一次；

5. 所有信息在微信、微博、论坛等必须联动，相互转发；

6. 全员营销，书店全体人员必须转发官方微信公众号发布的内容，书店的营销活动随时拍摄，现场发布。

人人参与，人人策划，人人代言，人人传播的营销力量！

转型升级过程中的新媒体推广，也必须精心策划。前期宣传、开业新闻引爆、开业后常规宣传、活动营销宣传等，都要有技巧。

大家知道，我喜欢"引爆"这个词，我自己运营的"三石阅读传媒"微信公众号在书店开业新闻"引爆"方面下了不少的功夫。

用最小的投入，准确链接目标读者，用完美的创意，实现强大的口碑，以影响目标读者。

下面是近两年我策划书店网络传播的几点体会：
1. 精美的图片能有效留住读者；
2. 要引导读者随时在新浪微博晒书店照片；
3. 当读者想找你的时候能保证时刻找得到你；
4. 学会引爆书店事件营销在网络的传播；
5. 制造文化话题提高书店曝光机会；
6. 读者不论大小，真诚地用爱心对待；
7. 群的力量是巨大的；
8. 连接一切。

第二节　视频营销与视觉营销是效率最高的传播手段

当下，以视觉为中心的视觉文化符号传播系统正向传统的语言文化传播系统提出挑战，并已经成为我们生存环境的更为重要的部分。在现代传播科技的作用下，特别是在数码技术、多媒体技术、网络技术三者合力的作用下，视觉时代已经来临。具体而言，我们每天的微信公众号，精美的图片质量是吸引我们的重要因素。在4K显示时代，我们对图片和视频质量也越来越挑剔。

同样，我们实体书店的传统视觉感同样面临一场革命。

用细节举例，传统书店使用的POP手写图书海报早已不能吸引读者对美的视觉需求，广告式设计、精美数码印刷的图书宣传海报才能符合视觉时代，才能吸引读者注意力。

以哈尔滨果戈里书店为例，所有的宣传品均由专业美编设计制作，从图书广告到活动预告，甚至"读者意见簿"都给读者留下视觉品质的印象。其他几家书店也是如此，大家统一认识之后，调整思维，配备人才，甚至有的采用了外包设计制作的形式。转型升级后，受众视觉上就远远超过同行，当然得到读者的肯定。

书店文化传播的新思维、新技术

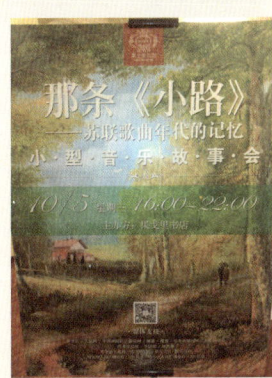

我去过台湾诚品书店后，曾分析过他们的宣传品——专业而精美。大陆一些优秀民营书店也是如此，比国有书店超前了许多。

微信更是如此，对微信公众号内的图片及版式设计都有唯美的设计要求，与书店的整体气质相吻合。这同样是书店文化品牌的直接体现。

消费社会必然趋向于视觉文化。

视觉营销作为一种营销技术，是一种视觉呈现，大众最直观的视觉体验表现。

成熟的视觉营销包含以下内容：
1. 空间：通过空间立体视觉效果营造品牌氛围；
2. 平面：通过平面视觉及海报等形成视觉效应；
3. 传媒：通过推广形式来表达视觉营销的概念；
4. 陈列：完成内部的构造变化；
5. 造型：完善形象的优化整合；
6. 通过一系列的视觉传达来表现视觉营销的理念及核心部分。

视觉革命同样存在于实体书店！

注重实体书店视觉营销，也同样是我所策划的这几家书店成功的要素之一。

视频营销，指的是企业将各种视频短片以各种形式放到互联网上，达到一定宣传目的的营销手段。我给几十家发行集团及书店做培训

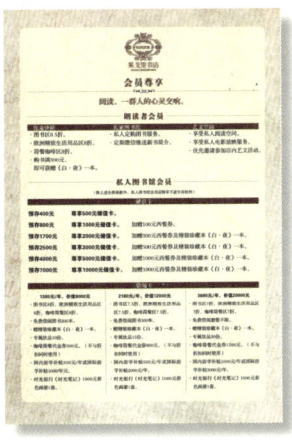

时都提出实体书店视频营销,但如今专业的书店视频仍然很少。

很多读者是因为我策划的视频广告而认识了哈尔滨果戈里书店、江苏阜宁书城等书店。哈尔滨果戈里书店前后策划的六条短片传播力很强,一是全媒体投放,二是书店内播放,三是微信转发。

一个地处江苏苏北的县城书店——阜宁书城,因为我策划制作了《阜宁书城——你是我最美的相遇》之后,被全国所认识。普希金书店因我策划的视频广告,一夜间引爆全城!

不要忘记手机拍摄的功能,人人都是媒体的时代,拿起你的手机,将书店最温暖的情节拍摄下来,放到网上去吧!一定比你做一百次报纸广告强!

书店文化传播的新思维、新技术 187

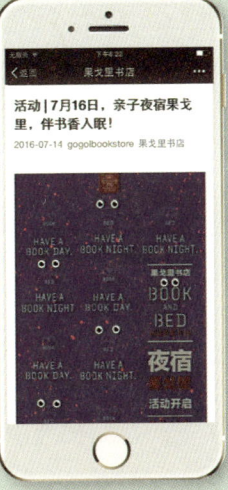

第三节 微信公众号是书店最佳的自媒体

自媒体又称"公民媒体"或"个人媒体",是指私人化、平民化、普泛化、自主化的传播者,以现代化、电子化的手段,向不特定的大多数或者特定的单个人传递规范性及非规范性信息的新媒体的总称。自媒体平台包括:博客、微博、微信、百度官方贴吧、论坛/BBS等网络社区。

实践证明,微信公众号是实体书店最佳的自媒体。定位准确,传播速度快,宜于转发再传播。它就是一份报纸,就是一份杂志,要信息量有信息量,要深度分析有深度分析,要图片有图片,要视频有视频,能满足不同类型读者的阅读需求。

哈尔滨果戈里书店微信公众号常排在全国实体书店微信公众号前三,普希金书店、佳木斯书店等的微信公众号也有较好的知名度,牡丹江书城新公众号新颖独特潜力巨大,井冈山红色书店的公众号以其红色文化特色令人关注,阜宁书城公众号以接地气的特色在当地拥有较多的粉丝。

在此，分享体会如下：

1. 坚持原创，像编报纸、杂志那样编微信；
2. 图片精美，最高层次就是图片原创；
3. 内容气质与书店文化相吻合；
4. 耐心研究后台数据，分析读者阅读状态；
5. 及时与读者互动；
6. 精心策划，逐渐创造商业价值；
7. 真诚分享；
8. 以创意导引读者协助推广。

书店微信公众平台=书店自媒体+读者管理平台

要记住，企业微信公众号是书店媒体发布平台、销售信息发布平台、危机公关平台、读者互动平台、产品促销活动开展平台、产品展示平台、产品在线销售平台、调研平台、书店文化传播平台、人才招聘平台……书店关注的、需要的一切内容在企业微信公众号上都可以实现！！

理论人人都懂，关键在于怎么做。

果戈里书店微信公众号案例

在果戈里书店,经历精彩纷呈的俄罗斯文化艺术之旅

2016.6.16

书店文化传播的新思维、新技术 191

果戈里书店微信公众号案例
果戈里书店·书海游学
圣诞访美，惊喜跨年！美国西海岸深度游学
2016.10.28

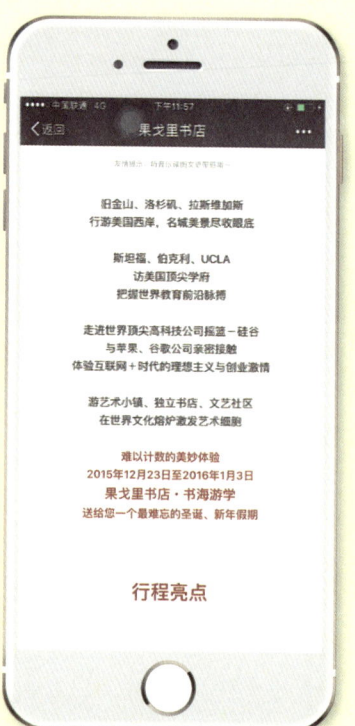
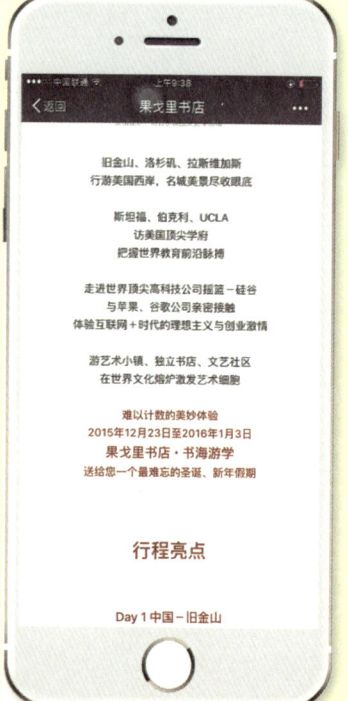

书店文化传播的新思维、新技术 | 193

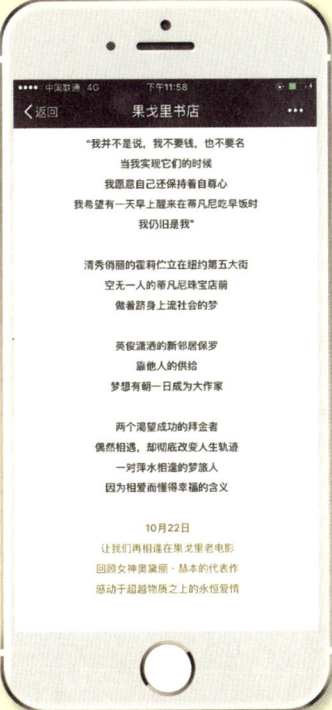

果戈里书店微信公众号案例
果戈里书店·老电影分享会025
蒂凡尼的早餐
2015.10.21

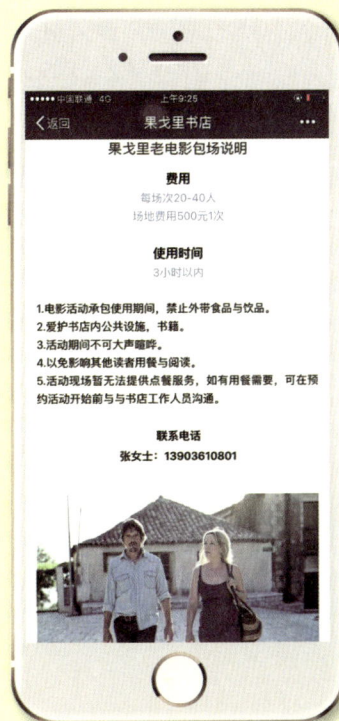
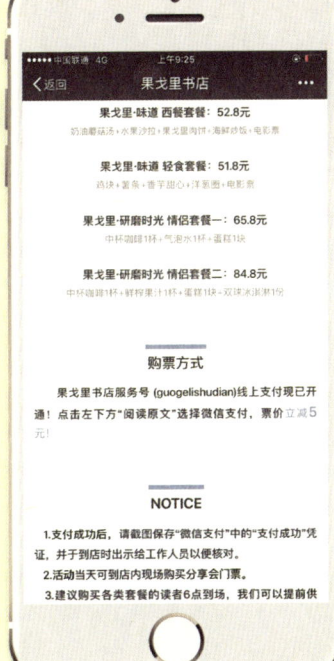

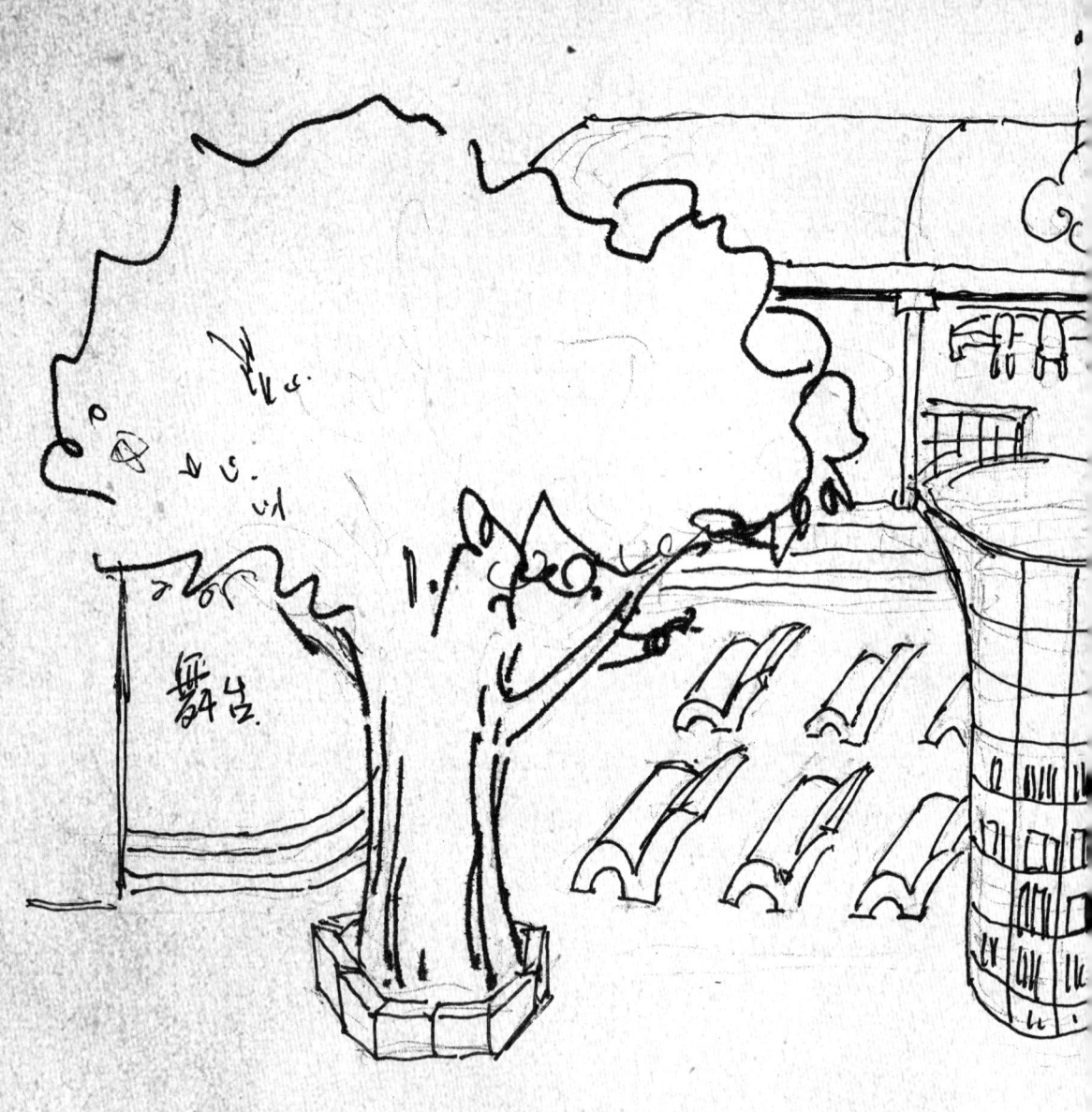

第二层②
二楼　儿童主题阅读公园.

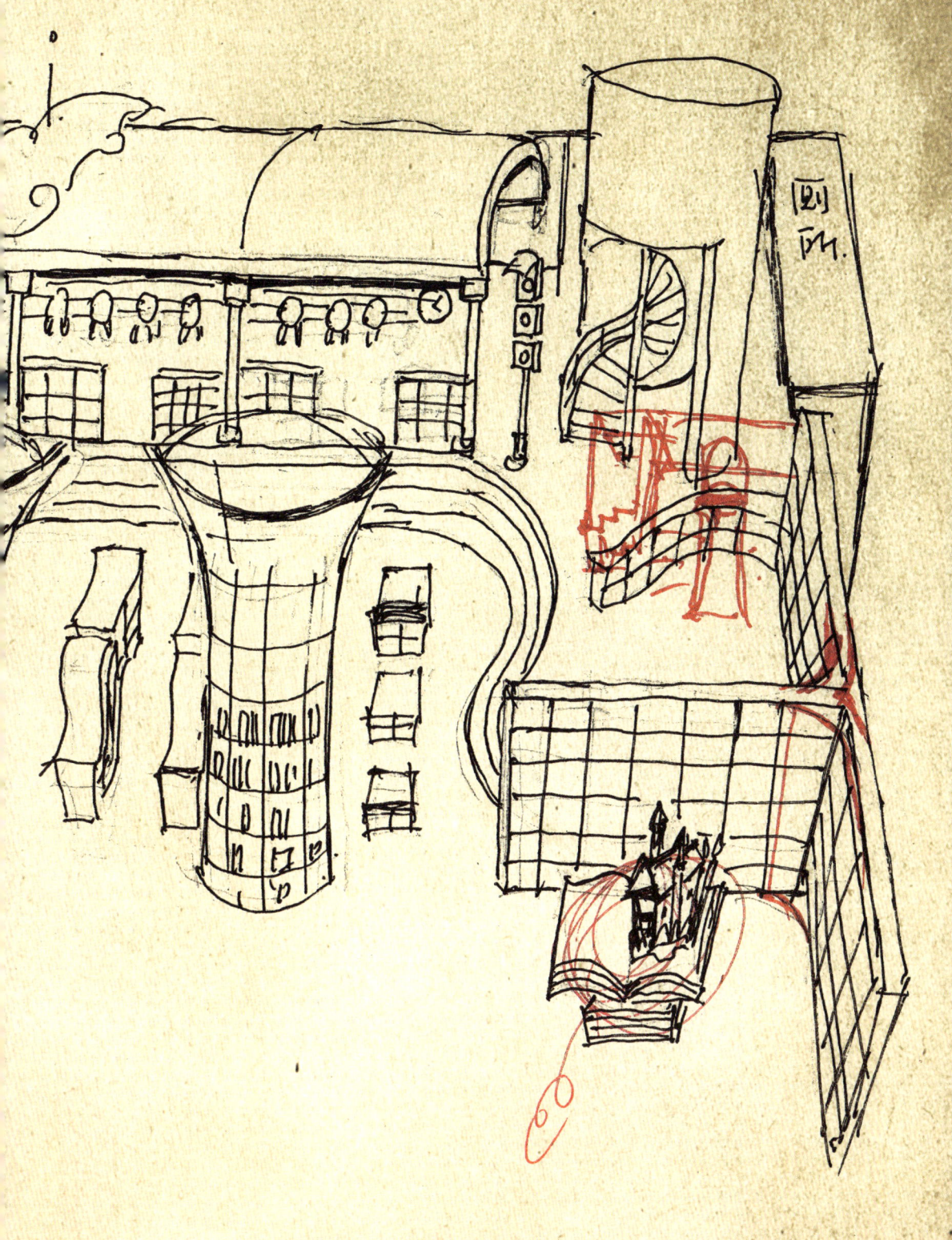

APPENDIX 1

附 录

三石关于实体书店
转型升级文章精选

不转型会死，转型不升级还会死

三　石

2015年是全国新华书店转型升级高潮期，不少新华书店将旧门市重新装修改造，向社会展示全新的国有书店形象。但综观已经改造完的书店门店，仍存在不少问题。据此，笔者提出如下需要引起书店同仁重视的关键点：

其一，书店门店转型升级不是简单的店堂装修。
有一些书店将升级改造视为装修改造，用高价邀请设计公司的设计师进行书店门店设计与装修。虽说重新装修后的店堂焕然一新，但气质仍是一个老国有体制形象的门店。经营还是原来的经营，服务还是原来的服务，这种"换汤不换药"的所谓"升级"，很快会被读者所摒弃。

其二，书店门店设计必须服务于转型升级。
我发现不少改造完的书店没有个性，不是一个有灵魂的阅读文化空间。笔者认为，主要是因为一些设计公司固执地根据自己的设计习惯，把书店沦为了大路货式的"卖场"，更谈不上地域特色与阅读个性。这种新装修的书店虽还未经营，但其实已经倒退了五年，谈何升级？而这种案例在全国并非少数。实际上，书店设计风格体现的是设计师的价值观。以哈尔滨果戈里书店的策划与设计为例，笔者在策划之初，就将培养新一代的精神贵族设为书店今后的发展理念。事实证明，这样的理念得到了众多有品位、有思想的读者的青睐。

其三，书店门店转型升级必须研究商业模式。

从专业的角度看，新华书店缺乏有效的商业模式，主要是因为新华书店长期依赖于教材教辅的销售，如果仅靠一般图书销售几乎是无法生存的。商业模式是衔接企业发展的战略、技术和资源配置的核心。任何一个商业模式都是由客户价值、企业资源和能力、盈利方式的三维立体模式构成。因此，新一轮的书店转型升级必须从制定成功的商业模式开始。这一课如果书店同仁不补上，是无法真正转型的。需要警惕的是，商业模式的设计，并不是引进几个多元业态那么简单。

其四，书店门店转型升级的核心应是提升"文化力"。

我们经常把"城市文化地标"作为书店的创建目标，因此书店经营首先要有文化味儿，而且这种文化味儿应贯穿于每个细节。比如，书店空间设计的文化感，书店文化服务的能力等，甚至细到店堂内每一幅广告以及文字。我常给书店同仁讲"文化营销"，要将产品、企业、品牌赋予丰富的文化内涵，并要善于"文化营销传播"，即"以文化为卖点或手段来营销产品和服务的传播活动"。事实证明，哈尔滨果戈里书店成为国有书店转型升级的成功案例，就是在文化营销传播上做足了功夫，迅速得到读者的爱戴，也赢得了读者的忠诚度。

其五，书店门店转型升级必须赋予全业态以灵魂。

转型升级后的书店新业态也好，线上线下O2O也罢，必须贯穿以书店文化品牌为基础的灵魂与气质。有的大型书店转型后简单地引进其他业态，其引进业态的经营理念、服务观念与书店文化均有冲突，反而降低了书店的品位，甚至影响销售。因此，笔者认为书店中的各业态营销应该统一整合策划，活动应该相互渗透与互动，营销的最高境界是能善于整体策划为"文化营销"。另外，实体书店虽已纷纷建立自己的网络销售渠道，但却简单地将线上的销售当作是渠道的补充及新技术的运用。其实，无论是实体书店还是线上书店，都是面对读者的空间，其服务、理念、手段等都必须围绕书店品牌特点高度统一，同样应具有文化服务的灵魂。

其六，书店门店转型升级要有"最美书店"的追求。
"最美书店"是近年来各书店门店转型升级的追求，各地也纷纷评比"最美书店"，但往往落脚点放在书店门店装修的形式上，即评比出来的书店门店只能是"最美装修书店"。我所提出的"最美书店"观点应是"最美空间、最美品质、最美服务、最美体验、最美创意"，只有这样，才能成为读者心目中的"最美书店"！

刊于《出版商务周报》2015年7月5日

对话三石：实体书店改造 重新定位是关键

范燕莹

近年来，由书店文化设计专业人士协助各地新华书店系统进行转型升级改造，不乏成功案例。例如，中国最美欧式书店——哈尔滨果戈里书店，中国边境最美国门书店——黑河普希金书店。哈尔滨果戈里书店在开业不到一年的时间里，迅速成为新华书店中的文化品牌，深受业界瞩目，也成为成功转型的典范。为此，就新华书店转型升级改造的话题，《中国新闻出版广电报》记者对三石进行了专访。

转型升级≠店堂装修

《中国新闻出版广电报》：当前各地新华书店升级改造过程中遇到的问题主要有哪些？

三石：近年来，新华书店进入新一轮的转型升级高潮期，大家都在积极探索转型升级的突破模式，有大量的成功案例。但是，在此过程中，有一些已经转型的书店却再次遇到不同程度的困惑。我认为不能仅从理论层面去指导行业，必须亲自实践才更有说服力。因此，2014年我投入这项工作，而后再将自己的实践经验与行业进行分享。我认为，2014年和2015年全国新华书店已经转型升级的书店存在五大问题：一是全新的装修空间仍是"图书大卖场"；二是没有灵魂，没有温度，缺少文化传播力；三是缺少异业间互动，气场不和；四是提供很好的读者体验设施，但读者没有忠诚度；五是卖场营销活动太传统，缺乏创新能力。第一个和第三个问题尤其严重，很多进驻大型书店的企业出现纷纷退租的现状。因此，我旗帜鲜明地提出"转型升级≠店堂装修"以及"新华书店多业态经营必须从单一招商转变成合作，门店转型升级必须赋予全业态以灵魂"这两个观点。

必须研究商业模式

《中国新闻出版广电报》：现在各地新华书店转型升级过程中最大的困惑是什么？

三石：以我的观察有两个重要问题。第一个重要问题是部分"新华人"思维方式仍然传统、缺少对转型的正确认识，凭着传统从业经验进行判断，随意性很强，最后落入"装修更新店堂"的模式。我认为，首先要重新审视与策划实体书店的定位以及商业模式设计，并学会用互联网的思维模式去思考。要针对每个不同区域的地理、经济、人文、消费的环境去重新策划书店定位，要精准地策划新型书店的商业模式。商业模式是衔接企业发展的战略、技术和资源配置的核心。任何一个商业模式都是由客户价值、企业资源和能力、盈利方式的三维立体模式构成。因此，新一轮的书店转型升级必须从定位与策划商业模式开始，这一课如果书店同仁不补上，是无法达到真正转型的。

第二个重要问题是很多改造完的书店没个性，不是一个有灵魂的阅读文化空间。我以为，主要是因为一些设计公司固执地根据自己的设计习惯对新华书店进行改造，结果使新装修的书店沦为大路货式的"卖场"，更谈不上地域特色与阅读个性。这种新装修的书店还未经营其实已经倒退了五年，谈何升级？而这种案例在全国并非少数。实际上，书店设计风格的背后体现的是价值观。以哈尔滨果戈里书店的策划与设计为例，在策划之初，我们就将培养新一代的精神贵族设为书店今后的发展理念。事实证明，这样的理念得到了众多有品位、有思想的读者的青睐。

最美书店不只是漂亮

《中国新闻出版广电报》：能否具体谈谈转型升级成功的关键所在？

三石：总结转型升级成功的关键有以下五个方面：一是书店空间设计要为运营和营销服务；二是门店转型升级必须研究商业模式；三是门店转型升级的核心应是提升"文化力"；四是多业态文化关联与统一管理是成功基础；五是书店必须学会"做文化"才能再生。

《中国新闻出版广电报》：在你策划的新华书店改造项目中，有不少"最美"的标签，你对"最美书店"的理解是什么？

三石：一家最美书店的标准是：最美空间、最美品质、最美服务、最美体验、最美创意。这是我策划书店努力的方向，也是城市文化与当代读者的需求。

刊于《中国新闻出版广电报》2015年8月10日

决定书店转型成败的五个细节

三　石

出版营销专家三石于2014年成功策划和设计的中国最美欧式书店——哈尔滨果戈里书店，是较为超前的实体书店转型升级的样本，成为当地新锐的阅读文化品牌和哈尔滨旅游的新符号。这仅仅是三石"实体书店创新实践计划"的开始，这个计划将在全国各地陆续展开，三石还会尝试各种风格的实体书店建设。本文是三石"实体书店创新实践计划"策划手记部分内容，希望对当下各地正在新建和升级改造中的实体书店有所启发。

这几年给各地国有、民营书店做过几十场有关实体书店转型及全程营销的培训，也为书店做过不少现场策划，但总有人认为我提倡的一些理念和营销方案实践起来比较困难。于是，我便萌生了"实体书店创新实践计划"，将所有的转型理念和营销方法倾注其中，也总结了不少决定书店转型成败的细节。

其一，空间设计要为运营和营销服务。
新建书店及传统书店升级改造，定位尤为重要。书店周边环境及读者群体的调研，读者阅读习惯和消费行为的研究，书店商业模式的设计，书店风格与气质的定位，图书分类与其他业态的组合，各楼层的类别分布与营销要素的结合等，都必须经过详细调研和技术性定位。而这方面，传统书店做得比较粗放，大多凭着传统从业经验进行判断，随意性很大。

2015年1月，我策划的一家中国边境旅游城市的书店，便详细研究了城市文化历史、当地教育、读者构成、民众生活、消费习惯、旅游文化以及国内外游客的文化消费行为，而后给这家书店进行比较精准的定位。即经过反复研讨后，我才开始进入设计环节。

当下书店的通病是书店空间设计与书店定位之间的差距比较大，这好比我们的家装，设计师与户主常常难以沟通，设计师自以为是，户主因不懂设计而无法精准表达自己的要求，结果装修下来不能体现户主的生活习惯和个人气质。

书店的设计也有此类现象发生，我考察过一些新装修的大型实体书店，看似很现代，但感觉很空洞，总结下来，他们是新"卖场"而不是新的书店，缺少灵魂。

因此，我的口号是"做有灵魂的书店"。哈尔滨果戈里书店由我策划定位及亲自进行空间设计，打通了这道难关，每一处设计都围绕定位和营销去处理。我策划的宣传语是"构建哈尔滨最具温度的文化地标""为读书人点亮心中最温暖的那盏灯"，所以设计要围绕着"温度""温暖"的概念，空间色彩、书架、灯光必须是暖色调的。阅读区域与书架有机结合，活动区域与阅读区域功能组合，图书以外的业态与图书商品的关联性，这些都是书店空间设计的重中之重。

必须强调的是，书店的整体布局对于读者的阅读与购书的心情影响是最大的，我力求让每一位读者进入果戈里书店都能体会到文化认同感和阅读归属感。在中国，单向街书店、方所书店的设计都是比较成功的案例。

其二，员工素质要与书店气质配套。

我们常常看到这样的现象，全新改造的国有书城让人耳目一新，但是营业员的素质却没有同步提高，让人有"换汤不换药"的感觉。不少国有书店经理和我探讨过这个问题，想寻求解决的方法。我曾从"机制""培训""吐故纳新"几个方面提出建议。

哈尔滨果戈里书店运营的成功在于团队，团队的核心人员由黑龙江教育出版社的编辑组成，而后是精选的新华书城的优秀员工，经过半年的磨合和锻炼，原新华书城的员工已经完全融合在团队中，素质大幅度提高，每位员工与读者是书友，似老友。

有一个细节，我一直认为新华书店技能比赛中的图书推介评比那种演讲式的图书介绍需要改进，靠死记硬背的获奖者不一定是称职的书店员工。

做书店的一定要对书店热爱并富有激情，自己应是一个读书人。我们为哈尔滨果戈里书店图书管理员（营业员）设计了一个制度，每周都定期在下班后的班会上，各人介绍自己本周读过的书。

最近在策划改造其他新华书店门店时，我给书店经理提出如下建议：其一，设计最佳的用人机制，明显不合格的人员坚决不使用；其二，分批组织员工去各地优秀书店参观，同时对员工进行反复培训；其三，招聘年轻的大学生进入书店，并设计最优的薪酬机制。

另外一个细节便是员工的服装，我发现当下最优秀的书店都是自行设计与书店风格相配套的员工服装，以展现书店独有气质。国有书店在这方面一般是忽视的，基本都是以西服为主，千篇一律。我常常开玩笑，我如果穿那种西服，人家以为是房产中介。

其三，学会做文化才能再生。
从文化产业的角度来思考，书店是文化产业中的一个子环节，而做书店的最高形态应是"做文化"。文化给书店带来的发挥和想象空间也是巨大的，所以创造的产能和价值是传统书店无法比拟的，问题在于，我们懂不懂文化，会不会做文化。

我认为很多的文化项目都可以放在书店里做。比如，在书店内做婚礼，在书店做迷你剧场，在书店做收费的音乐晚会以及舞会，但还是有不少人持怀疑态度。结果，我们在哈尔滨果戈里书店开业那天做了一场"国内书店首场西式婚礼"后，便有新人来预约婚礼，2015年1月份书店承接并策划了一场高校老师的婚礼，浪漫至极。

哈尔滨果戈里书店在三楼策划了首家"书店迷你剧场"，吸引了演艺集团以及艺术团体的关注，并举办了小型音乐会、小话剧演出；在圣诞节期间，我们策划了五场"与茜茜公主那场优雅的邂逅"大型圣诞派对，并通过票务网站"大麦网"及书店购票，场场爆满。最近，书店又承接了不少公司在书店开年会的业务。同时，还在尝试书店原创的阅读视频栏目，探索将传统电视栏目的运营模式用在书店阅读视频中。

其四，不要忽视图片与视频的营销力量。
我们现在不仅仅处于一个互联网时代，还处于视觉时代，视觉营销应是书店营销的利器，这包括空间、平面、传媒、陈列、造型等视觉综合营销能力。

仅从书店图书宣传的平面设计而言，过去传统书店所推崇的"POP手绘广告"已经不能适应互联网时代大众对图片、视频欣赏的要求，必须用原创的并具有优秀广告级别的平面设计才能满足他们，而且纸质必须是彩色打印的印刷品。

在这一点上，无论是台湾的诚品书店，还是大陆的西西弗书店、单向街书店、方所书店均有优异表现。所以说，书店的转型还包括营销思维的转型，营销手段的转型。

视频营销也是视觉时代的新营销手段，在这一点上不少实体书店做过尝试，但做得专业并持续的较少。

还以哈尔滨果戈里书店为例，进入果戈里书店的人都有同样感受，书店内的每一张平面广告都很吸引人眼球，甚至"读者意见簿"都设计得很精美，每一则视频广告都很专业。

当然，这得益于书店有一支优秀的编辑团队，但最关键的是他们具有"视觉意识"，具有"画面逻辑"与"银幕感"。读者的第一句赞扬便是："这个书店有文化！"

其五，文化关联与统一管理是成功基础。
多元化经营、复合式经营都是实体书店近年来追求的经营概念，诚品书店台北市信义、敦南店引进服装、箱包皮具、文具、家具、化妆品、手工艺品、美食广场、餐饮名店、艺术品、玩具、亲子乐园、艺术培训等多种业态，一直是大陆实体书店学习的榜样。

最近升级改造的国有书城和图书大厦，包括文化MALL，均引进了很多相关的业态，但为何还是与诚品书店有一定的差距？

为什么有一些品牌店入驻书店生意反而下降？地处黄金地段的书店引进餐饮后，其餐饮板块反而门可罗雀？

我认为，其一，多业态的引进要因地制宜，这同样需要对进入书店的人群进行研究与分析，分析读者习惯在书店消费什么，如何培养他们在书店消费其他商品的习惯。其二，各业态之间文化的关联度营销力度不够。书店中的各业态的营销应该统一整合策划，活动相互渗透与互动，营销的最高境界是能善于将整体营销策划为"文化营销"。比如，在书店喝咖啡喝的是文化，在饮食方面的消费体现的是生活品质。其三，我建议书店内不能简单地用空间进行招商，任由其独立经营，而是要引进品牌，统一管理、统一结算，所有品牌必须先与书店文化相融合而后再体现自有品牌。

刊于《出版商务周报》2015年3月4日

实体书店成功转型的五个实战攻略

三　石

身兼作家、出版人、出版营销专家、书店文化设计专家、书店空间设计师、出版实战型培训专家等多重身份，长期致力于实体书店转型创新的思考与实践中，我于2014—2015年成功策划和设计了中国最美欧式书店——哈尔滨果戈里书店、中国最美国门书店——黑河普希金书店、中国最美县级书店——江苏阜宁书城、中国东方第一城最美书店——佳木斯新华书店、中国第一家红色书店——井冈山红色书店。五家实体书店风格各异，并有十多项业绩创实体书店第一，是较为超前的实体书店转型升级的样本，成为当地新锐的阅读文化品牌和城市旅游的新符号，受到出版发行界和媒体的高度关注以及读者的热捧，同时最为行业所认可的成功之关键在于——每一家都盈利。我谨以此文从技术层面谈谈实体书店转型升级的成功要素，希望对当下各地正在新建和升级改造中的实体书店有所启发。

我在从事期刊、图书出版工作之余，考察、研究了大量的国内外优秀实体书店，也曾为国内发行集团及实体书店做过几十场关于实体书店策划与营销的培训。但是不知为何，很多国有书店的同仁总是对我这样说：三石老师，你的观念超前，所举的国内外书店优秀案例也很吸引人，但是，我们国有做不了，体制、人才、资金等都是制约的因素。我十分费解，制约国有书店转型与发展的真是体制问题吗？

这几年，是全国国有书店转型升级改造的高潮期，是实体书店跨越式发展的机遇期，但是冷静观察后发现，仍有一部分升级改造后的书店处于"装修改造"的层面，令我失望。我归纳新华书店这一轮升级改造出现的五大问题：其一，全新的装修空间仍是个"图书大卖场"；其二，书店缺少灵魂，没有温度，缺少文化传播力；其三，缺少异业间互动，气场不和；其四，提供很好的读者体验设施，但读者没有忠诚度；其五，卖场营销活动太传统，缺乏创新能力。于是，我曾在媒体上旗帜鲜明地提出"转型升级≠店堂装修"，以及"新华书店多业态经营必须从单一招商转变成合作，门店转型升级必须赋予全业态以灵魂"的观点。

2014年，我创立"三石实体书店创新实践计划"项目，提出"做有灵魂的书店"的策划理念，力求帮助各省新华书店系统进行转型升级改造，并出任项目总策划、总设计师。这一项目得到黑龙江、江苏、江西、山东等省份发行集团的支持，在一年半的时间里，就有五家风格各异的实体书店成功问世。我策划书店并不是进行单项的空间设计或营销策划，而是负责整体的全程策划系统工程，即针对当前实体书店在升级改造中存在的问题，把所有系统环节全部打通并统筹与实施。在这项实践计划中，每一个具体书店项目的总策划都由我亲力亲为，并设立了以下九条职责。应该说，如果能完整解读并认真实施这个"总策划九条职责"，就会使书店的成功转型具备了坚实的技术性基础。以下为总策划九条职责：

1. 书店定位策划；
2. 书店商业模式的设计及业态的选择；
3. 书店店堂风格定位与空间设计；
4. 书店企业文化设计；
5. 书店品牌的策划与传播；
6. 书店综合业态营销定位与活动策划；
7. 传统媒体与新媒体传播策划与实施；
8. 书店团队建设与培训；
9. 书店文化创意策划与实施。

我将根据自己的实战经验对升级改造的实体书店提出如下建议：

一、书店的升级改造关键是"重新定位"，将"读者"转换为"顾客"更精准

部分国有书店在升级改造后并没有达到预期效果的原因在于没有研究透"升级"的内涵，思维局限于"店堂装修改造"。我认为，书店的升级首先体现在重新定位。书店周边环境及读者群体状况，读者的阅读习惯和消费行为，书店商业模式的设计、书店的风格与气质定位，图书分类与其他业态的组合，各楼层的类别分布与营销要素的结合等，都必须经过详细调研和技术性分析。

其一，首先解决实体书店为谁而开的问题。我们需要思考的不是我们要开怎样的书店，而是在数字阅读时代和网购环境中，读者需要怎样的文化消费场所。

其二，以"用户"思维重新定位。我常要求书店同仁在思维上淡化"读者"概念，强化"用户"概念。传统书店长期以来用"读者"这个概念去思考，必然会局限在向读者提供"图书产品"这样的层面上，这与当下数字阅读时代及网络销售时代读者真正的精神和文化需求有很大的差距。实体书店作为零售企业，过去是经营实物（图书），现在应是经营用户，实物是手段，用户才是资产。这也是实体书店转型升级的核心。

其三，以区域文化为起点重新定位。要充分研究城市个性、文化氛围，以及读者的生活习惯、消费习惯与阅读习惯等要素。只有这样，才能让升级后的书店真正属于这个城市和大众。

我在策划哈尔滨果戈里书店时，大量阅读了关于哈尔滨城市文化的历史资料。哈尔滨是个欧风沐浴的城市，无论是建筑还是市民生活，受俄罗斯文化影响较深。于是，我根据哈尔滨的城市文化背景、街道建筑历史、读者生活及阅读习惯等，将书店的整体空间风格定位为"纯欧洲风格"，内涵和服务定位为"打造新的精神贵族"，让顾客有着强烈的认同感和归属感。我在策划黑河普希金书店时，将其定位为"国门书店"，将顾客定位为黑河市民及国内和俄罗斯的旅游者。同样，我在进行井冈山新华书店改造时，大量研究井冈山红色文化和旅游文化，将井冈山新华书店改造为"红色书店"，其定位为"全国第一家集红色文化理论研究、大众阅读、红色旅游、红色文化文创产品于一体的红色书店"。结果，一炮打响。

二、全程策划与统筹是成功的基础，让"灵魂"浸透书店每个细节

"三石总策划"中，"总"的内涵就是全程策划，包括书店定位、商业模式设计、业态选择、书店风格定位及分布与设计、企业文化设计、品牌的策划与传播、综合业态营销定位与活动策划、媒体与新媒体传播策划、团队建设、文化创意策划等，这是赋予书店以灵魂的基础。

很多书店虽然都不缺这样的过程，但往往都是由各部门独立进行，不是在升级改造前统一策划，而是在装修完成后进行传统的图书上架、组织营销活动这样的"事后"策划。我们很多人研究台湾诚品书店，看到的只是一些细节，没有去深度研究诚品书店独有的气质，因此，大家都力争做"大陆诚品"，可惜学到的只是毛皮或成为四不像。其实，仔细观察最近开业的苏州诚品，就能发现其团队前期策划的完整性与技术性，使书店散发出统一的独特气质。有一个最核心也是最具技术性的环节能充分体现其高度统一的策划理念，即不同业态的统一，无论是图书还是文创或是餐饮，都能让人有一种强烈的意识——这就是"诚品文化"，这才是真正的"复合式城市文化综合体"。

目前，新华书店在转型升级中也提出"复合式综合体"概念，但突出的问题是多种业态没有与图书之间形成紧密的联系，而是与书店文化割裂，令人感觉图书没有温度与生命，整个书店气场很乱。其主要原因在于：其一，书店简单粗暴的业态引进。我认为多业态的引进要因地制宜，这需要对进入书店的人群进行研究与分析，分析读者习惯在书店消费什么，如何培养他们在书店消费其他商品的习惯。其二，各业态之间的营销关联度不够。书店中各业态的营销应该统一整合策划，使活动相互渗透与互动，营销的最高境界是"文化营销"。比如，在书店喝咖啡喝的是文化，在书店饮食，消费的是生活品质。其三，我曾指出，书店卖场简单的空间出租时代已经成为过去，我建议书店内不能进行简单的空间招商，不能任由异业独立经营，而是要引进品牌、统一管理、统一结算，所有品牌必须先与书店文化相融合而后再体现自有品牌。文化关联与统一管理是成功的基础。

三、空间设计要为定位和运营服务，用品种换空间，提供更优阅读环境

有些书店片面地将这一轮升级改造视为装修改造，高价邀请设计公司进行书店门店设计与装修。虽说重新装修后的店堂焕然一新，但气质仍是一个老国有体制的卖场形象，而不是一个有灵魂的阅读文化空间。这种换汤不换药的所谓"升级"，很快会为读者所摒弃。

我认为存在问题有二：其一，书店经营者既不懂空间布局与设计，又没有整体策划意识，简单地认为提出书店分层分类设计要求，便可由设计公司设计。其二，设计公司不懂书店业务，更不会去尝试研究书店的业务要求，相当一部分设计师固执地根据自己的设计习惯使书店沦为了大路货式的"卖场"，更谈不上地域特色与阅读个性。这种新装修的书店还未经营其实已经倒退了五年，又谈何升级？而这种案例在全国并非少数。

实际上，书店设计风格所体现的是其背后的价值观。以哈尔滨果戈里书店的

策划与设计为例，我在策划之初，就将"培养新一代的精神贵族"确定为书店的核心发展理念，整个一千平方米的书店空间设计从整体到细节都围绕着这个核心去设计。事实证明，这样的理念受到了众多有品位、有思想的读者的青睐。我在设计井冈山红色书店时，围绕精准的策划定位并结合业务流程、顾客消费习惯和阅读习惯以及文化研讨功能去进行空间的分布设计。井冈山红色书店以红色文化和红色元素为装饰主风格，青砖、红旗、五角星、蓝印花布、顶棚镂空的五角星灯和党旗、红军草帽型吊灯、红军怀旧背包、老照片，众多井冈山元素营造出浓郁的红色文化气息，服务于书店的整体定位。我在设计中国最美县级书店——江苏阜宁书城时，选择了葱茏劲秀的古树、翼然卓立的古典园林式亭子两个元素作为装饰，这是因为阜宁县城宋称"庙湾古城"，同时又是著名的"散文之乡"。我抓住古城特点，设计成独一无二的书店空间，地域文化的灵魂便体现了，使其成为国内首家古典园林式书店。如今，在书店正中央的六角亭中阅读已经成为一道独特的风景。

另外，我所策划和设计的书店有一个重要的细节得到了业界的重视，就是在书店空间的灯光设计上喜欢运用暖光，这是为阅读而设计，因为暖色调光源会为读者营造强烈的阅读感，同时更符合我提出的书店内涵——"为读书人点亮心中最温暖的那盏灯"。我在策划和设计书店时提出一个重要观点——"用品种换空间"。现代优秀实体书店的标准是"选品"，从图书的角度而言就是精选最优秀的图书提供给读者，没有必要像过去那样全品种备货：一是因为即使备再多的图书也不会有网络书店品种全，二是很多书店70%的图书都不是动销产品。我解决这个问题的办法有三：一是一些长年不动销的品种不上架；二是加强网络查询建设，读者通过网上平台查询所需图书，书店可从库房中调取，或从兄弟书店调剂，或从出版社直接进货；三是尽量设计墙边的高书架，增加陈列空间。因此，我提出"用品种换空间"概念，将压缩图书品种换来的空间设计为读者的阅读空间，如舒适的沙发、座椅及席地而坐的台阶。

我十分反对设计师在书店中专门设计"阅读区"的做法，这样人为地将销售与阅读分开，令读者反感。我设计的书店都是将阅读空间穿插在书架中，让每位读者置身于每个分类书架间，或站或坐均有深度阅读的欲望。从另一个角度思考，这种阅读体验恰恰是实体书店抵抗网络书店最大的竞争力和优势。再次强调，书店的整体布局和设计对于读者阅读与购书心情的影响是最重要的，我力求让每一位读者进入书店都体会到文化的认同感和阅读的归属感。

四、书店转型升级必须研究商业模式，"平效"与"频效"改变考量机制

我一直认为，传统新华书店长期依赖销售教材教辅的经营模式，很少去考虑书店的商业模式策划，更缺乏互联网思维。商业模式是衔接企业发展的战略、技术和资源配置的核心。任何一种商业模式都是由客户价值、企业资源和能力、盈利方式的三维立体模式构成的。因此，新一轮的书店转型升级必须从制订成功的商业模式开始，这一课如果书店同仁不补上，是无法实现真正转型的。需要警惕的是，商业模式的设计并不是引进多元业态那么简单，首先要重新审视实体书店，并学会用互联网思维去思考，要针对不同区域的地理、经济、人文、消费环境去重新定位，从而精准地策划新型书店的商业模式。我在设计书店时遵循的观点是："产品只是入口，人才是商业模式，这是移动互联网时代真正的商业秘密。"我提出："实体书店一定要用平台战略来设计商业模式，打造一个完善的、成长潜能强大的生态圈，而在平台战略中，图书产品将成为黏合顾客的媒介。"我所成功策划的书店均能保持盈利水平，关键就在于商业模式设计准确，即以提供优质图书和阅读环境吸引顾客，同时运用文化营销手段提升顾客的忠诚度，让更多的人能热爱书店，而后提供给顾客更多的相关产品，如画展、演出、专业讲座、咖啡、牛排、文创产品以及文化旅游等。因为"未来的趋势是从以商品为中心转向以用户为中心，用户将成为零售商最重要的资产和变现的基础"。

归纳起来，我策划书店商业模式的思路是："以图书为媒介、以阅读体验为核心、以情感为诉求，在提供优选图书的基础上，丰富不同的文化产品价值，塑造顾客眼、心、胃的满足。"在此基础上，我又提出一个重要观点：书店必须从传统的"平效"考核转为"平效+频效"考核模式。平效，是指每平方米的面积内可以产出多少营业额，这是传统书店常用的考核指标。而频效，则指单位时间内单位平方米的人数是多少。用互联网思维去思考，今后实体书店必须运用"平效+频效"的考量模式，这才符合"经营用户"的商业精髓。

五、用文化撬动人们阅读的渴望，文化营销和跨文化传播是核心

我们常常把"文化地标"作为书店的创建目标，因此书店首先要有文化味儿，而且书店中的文化应贯穿于每个细节，比如空间设计的文化感、书店文化服务的能力等，甚至细微到店堂内的每一幅广告以及海报文字。我常给书店讲"文化营销"，将产品、企业、品牌赋予丰富的文化内涵，并善于进行"文化营销传播"，即"以文化为卖点或手段来营销产品和服务的传播活动"。同时，还要学会"跨文化传播"，即"属于不同文化体系的个人、组织、国家之间进行的信息传播与文化交流活动"。转型后的书店开发新业态也好，展开线上线下O2O也罢，必须贯穿以书店文化品牌为基础的灵魂与气质。有的大型书店门店转型后简单地引进其他业态，而引进业态的经营理念、服务观念与书店文化均有冲突，反而降低了书店的品位，甚至影响销售。因此，我认为书店中各业态的营销应该统一整合策划，活动相互渗透与互动，达到整体策划的最高境界——文化营销。另外，实体书店虽已纷纷建立自己的网络销售渠道，却只是简单地将线上的销售当作渠道的补充及新技术的运用。其实，无论是实体书店还是线上书店，其服务、理念、手段都必须围绕书店品牌建设来达到高度统一，同样才具有文化服务的灵魂。

事实证明，我策划的五家实体书店成为国有书店转型升级的成功案例，就是在文化营销传播及跨文化传播营销上做足了功夫，从而迅速受到读者的拥戴，也赢得了读者的忠诚度。比如，我策划了首家实体书店欧式婚礼，现在成了果戈里书店的常规盈利项目；将户外项目与阅读项目结合策划了"书店奇妙夜"；在普希金书店策划了网络电台直播节目，把播音室放进书店店堂；策划中国第一家实体书店视频脱口秀《阅途》节目；成立中国第一家实体书店室内乐团；将阅读指导与旅游结合起来，策划了"书海游学"项目，等等。值得一提的是，我策划了著名的阅读文化品牌——"朗读者计划"，每天30分钟，全年365天无间歇，让读者"用发自自己内心的声音，感动自己，感染别人"。"朗读者计划"得到读者的拥护，每天都有众多读者参与，同时也成为书店内一道独特的文化风景。现在，除我策划的五家书店每天均在同一时间开展"朗读者计划"外，山东、江苏、云南等省的书店都争相引进这个项目。"朗读者计划"为书店阅读的推广，提供了一个全新的舞台。在互联网时代和数字阅读时代，有了阅读和传播的力量，实体书店才会有温度。

我认为，从文化产业的角度来思考，书店是文化产业中的一个子环节，而做书店的最高形态应是"做文化"。文化给书店带来的发挥和想象空间也是巨大的，所能创造的产能和价值是传统书店无法比拟的，问题在于：我们懂不懂文化，会不会做文化。

刊于《科技与出版》2015年第12期

三石：致力于打造城市文化平台

郭 煜

2014—2015年，三石成功设计了中国最美欧式书店——哈尔滨果戈里书店、中国最美国门书店——黑河普希金书店、中国第一家红色书店——井冈山红色书店及结合佳木斯市的地域文化特色的佳木斯新华书店，以及县级复合式、体验式文化休闲生活空间江苏阜宁书城。这些书店跨越江苏、江西和黑龙江三省，虽然书店风格各异，但款款皆成"爆品"，成为当地新兴的阅读文化品牌和城市旅游符号。其中，中央电视台《新闻联播》对哈尔滨果戈里书店进行了报道；井冈山红色书店则被评为了"2015年十大实体书店"。由此，三石从书业营销专家转型为书店企业的著名策划及文化空间设计专家。近日，本报对三石进行了专访。

记者：实体书店在互联网时代的复苏，得益于哪些契机？反映了市场怎样的一种变化？

三石：实体书店的复苏得益于国家对全民阅读的推动，以及对实体书店政策上的扶持，同时也得益于体验经济的兴起。实体书店是连接人与人、人与书、人与书店的文化空间，图书网购也好，数字阅读也罢，永远无法体验到纸质图书的那份温暖，无法享受实体书店提供的丰富感知。实体书店的复苏其实是读者"场景需求"的回归。在我做的这几家书店，有一大部分的读者来书店阅读，已经成为一种习惯，他们常常会约朋友在书店相聚，共同体验传统阅读的同时实现人与人的交流。同时，这不仅仅是阅读的变化，而且是实体商业的一种趋势。因此，我的观点是：在"互联网+"时代，实体书店出售的不仅仅是书籍类商品，而是综合性的阅读体验。

记者：实体书店应当怎样利用好政策扶持？

三石：这也是我最近关注的话题，还是有话想说。国家对实体书店的扶持力度越来越大，但我认为实体书店仅仅依靠国家资金的扶持是不行的。实体书店的存活并不仅仅是资金的问题，而是思维方式与经营思维转变的问题。传统思维下的书店，给予再多的资金也难免被读者摒弃，只会每况愈下。实体书店应重新思考自己的定位，要研究精准的商业模式，实施"文化+"的顶层设计，同时充分利用政府给予的政策扶持，用文化去撬动读者阅读的欲望。增加书店的黏性，创造更好的文化空间，让读者喜欢上书店，从而爱上阅读。我必须指出的是，一家优秀的书店并不是简单的"图书+咖啡"式多业态模式，设计在互联网时代能持续盈利的"文化+"平台是关键。

记者：你提出要做"有灵魂的书店"，那么你认为有着近八十年历史的新华书店应当怎样在新时代体现出其灵魂？

三石：我提出"做有灵魂的书店"，灵魂在于文化。我在一次演讲中曾提问："在断裂的时代，如何重建文化？在碎片化的时代，如何看清书店的未来？"要把文化凝聚在书店的每一个细节当中，其中包括文化服务，你的书店才能给读者带来温暖。如果没有文化，用再多的钱做再漂亮的书店，依然是要倒闭的。新华书店曾一时成为"传统书店"的代名词，虽说当下增加了许多新技术，包括O2O模式，卖场的装修也向现代化商城靠拢，营销手段也很丰富，但是仍让读者感觉"冷"，没有黏性，不温暖。我认为根本原因还是缺少"文化"的含量。我常说，书店要从卖书向卖文化升级，而最高的层次应是卖文化向做文化升级。新华书店走过近八十年，营销技术含量和真正的商业行业去比较仍然有很大差距，体现在"卖书"的门槛很低，一家小型的优秀民营书店很容易超越并得到读者的爱戴。问题在哪里？仍是"文化"。所以说，我反对"卖场"概念，提倡"文化空间"概念，只有这样的书店，在精神层面上才能与读者产生共鸣。

从文化产业的角度来思考，书店是文化产业中的一个子环节，而做书店的最高形态应是"做文化"。文化给书店带来的发挥和想象空间也是巨大的，所能创造的产能和价值是传统书店无法比拟的，问题在于：我们懂不懂文化，会不会做文化。

另外，新华书店有很多传统的业务规范和服务规范也应围绕着"文化"二字去研究和修改，现在很多业务规范和服务规范还停留在几十年前，与现代实体经济的运营需求差距很大。

记者：实体书店在"转型"的同时必须"升级"。您认为，升级的关键是什么？实体书店转型升级是否有成功模式可供借鉴？

三石：我曾写过一篇文章《不转型会死，转型不升级还会死》，一是商业模式重新设计，二是"文化力"的提升，三是策划贯穿于以书店文化品牌为基础的灵魂与气质的多种业态。我考察过不少国有书店的升级改造项目，发现他们重新装修后的店堂虽说焕然一新，但气质仍是一个老国有体制的门店形象。经营还是原来的经营，服务还是原来的服务，这种换汤不换药的所谓"升级"，很快会被读者所摒弃。

我认为，我策划的哈尔滨果戈里书店就是一个相当成功的模式，必须强调的是，很多人以为"最美"就是指空间的设计，其实是错误的，我给"最美书店"提出了一个新标准："最美空间、最美品质、最美服务、最美体验、最美创意"，这同样实践了我上面所提出的"做有灵魂的书店"的理念。

记者：图书馆与书店的合作越来越多，未来一种新型的阅读空间有可能由哪些元素组成，吸引哪类单位或群体参与？

三石：我认为现代优秀实体书店应是一个公共文化空间的概念。在这一概念下，图书馆与书店合作更为贴切。当然，书店毕竟是经营实体，与图书馆合作中如何既满足大众阅读又实现图书销售，这需要研究、布局。

新型的阅读空间应包括提供舒适的阅读环境，具有区域文化特色并包容多元文化，拥有品种丰富、品质优秀的图书及其他文化产品服务，具有阅读推广和艺术展演的活动平台，温暖贴心的文化服务等元素。这种新型的阅读空间除图书馆与书店合作外，在硬件上，既可以与其他商业体合作，也可以与社区等合作。在软件上，可以与各类文化群体合作，因为阅读空间的最高境界必是打造城市文化的平台。

哈尔滨果戈里书店是在黑龙江出版集团的倡导和支持下，由黑龙江省图书音像发行集团和黑龙江教育出版社共同投资创建的书店，坐落于哈尔滨的"百年老街"——果戈里大街164号。

秉承"有理想、有深度、有温度"的理念，果戈里书店以"做中国最美书店"为目标，致力于构建哈尔滨最具温度的文化地标，为城市留住文人气质，为读书人点亮心中最温暖的那盏灯。

果戈里书店自2014年10月1日开业以来，其典雅舒适的阅读环境、丰富新颖的文化活动使得它在短时间内迅速"引爆"全城，博得了社会各界广泛的好评。全国首创的"朗读者计划"就是自果戈里书店开启的。全年365天，每晚20:00—20:30，只要您愿意在果戈里书店的舞台上朗读您心仪的文章5分钟，果戈里书店将赠您7折图书优惠券一张以兹鼓励。让广大读者用浸入自己内心的朗读来感动自己、感染他人，以此促进阅读。也希望广大读者越来越多地参与到这样有特色有意义的活动中，学会分享，享受阅读。

刊于《新华书目报》2016年4月11日

实体书店如何打破转型魔咒？

三 石

在实体书店难以为继的大环境下，一家1000平方米的新创书店，开业半年就创下全国六项实体书店业态"第一"，无论是形象、内涵都迅速树立了"最美欧式书店"的口碑，成为新锐的阅读文化品牌。这在国内实为罕见，其成为较为超前的实体书店转型升级的样本。

在经历倒闭、搬迁、缩小规模等挫折后，全国各地实体书店都在努力探寻转型之路。其中，黑龙江省图书音像发行集团和黑龙江教育出版社联手打造的哈尔滨果戈里书店于2014年10月1日开业，在很短的时间内用阅读文化"引爆"全城，得到社会各界的广泛好评。2014年12月24日，果戈里书店又全面开放三楼空间，并将二、三楼共1000平方米的书店业态全面升级。

"营养心灵的栖所，艺术展演的舞台，品质生活的空间的整体定位和创新，代表着实体书店从简单的多元化经营模式向构筑阅读文化产业新生态升级。"黑龙江出版集团董事长李久军向记者介绍说。

创建构想：打造文化新地标

哈尔滨果戈里书店在短时间内迅速初建成文化品牌，首先得益于其准确的定位。果戈里书店总策划三石将书店定位为"中国最美欧式书店"。

三石介绍说："哈尔滨是一座从来没有过城墙的城市，也是最早具有开放意识、最先具有国际化特征的城市,被誉为'东方莫斯科''东方小巴黎',欧洲文化不断影响着这座城市,包括生活方式。一个阅读空间的定位与设计必须与城市文化相符合,这样才能让读者找到认同感与归属感。果戈里书店位于具有百年历史的果戈里大街,所以根据城市文化背景、街道建筑历史、读者生活及阅读习惯,我将书店设计风格定位为纯欧式风格。"

哈尔滨果戈里书店于2014年10月1日试运营500平方米,黑龙江省省长陆昊在书店开业第七天即专程前往视察,这在国内实体书店也无先例。正如果戈里书店执行总经理韩丽所言:"果戈里书店精神贵族的气质,唤起读者对阅读的渴望,其风格与服务的定位都具有浓厚的文化内涵,让来往读者备感亲切,接地气儿。仅半年的时间,果戈里书店便成为公认的哈尔滨除中央大街、索菲亚教堂外必去的景点。"

作为国内著名出版营销专家、果戈里书店总策划的三石,还是这家书店的室内设计师。他认为,现在不少书店在升级改造中,其店堂室内设计虽具有现代感,但仍然只是更新了的一个现代化"卖场",让读者没有读书人的归属感。设计师只有商业设计技术但不懂阅读文化、书店经营及读者心理,而书店的人又不了解设计,无法表达自己的诉求。

三石力求打通书店整体营销策划与空间设计的链条,其经营模式策划、业态选择、书店风格与空间布局、书架设计与阅读及展演活动区域分割、相关文化业态的融合,甚至整体灯光的处理以及台灯的选择,都浑然一体具有浓烈的阅读气质。"书店的空间设计必须为营销服务,我的策划和设计,不仅仅是要设计一家最美书店,而是要打造一个有灵魂的书店,为读书人点亮心中最温暖的那盏灯。"

服务营销：以文化为推手

果戈里书店内的服务人员不叫"营业员"而称为"图书管理员"，并且有三分之一的图书管理员为黑龙江教育出版社的编辑。果戈里书店的目的就是更好地为读者提供专业的阅读推广服务。

李久军对编辑到书店当图书管理员十分支持，他指出，以前"编辑编什么书，读者看什么书"的时代已经结束，编辑必须了解读者最真实的需求，才能有好的选题产生。就此，他鼓励出版集团内中青年编辑，每人至少拿出1~2周的时间到书店锻炼，收集对图书出版的反馈意见。

书店策划的丰富多彩的文化活动是吸引读者的重要因素。比如，全国首创365天"朗读者计划"。"策划这个活动的目的：通过朗读，让读者发自自己内心的声音去感动自己，感染他人；'朗读者'的魅力是一种阅读的力量、传播的力量，这同样是推动全民阅读的有力举措。"三石介绍说。

如今，"朗读者计划"已经成为果戈里书店的阅读文化品牌。中国首例书店西式婚礼惊艳全城，创办全国首届实体书店举办的"果戈里书店阅读文化节"、国内首家实体书店新媒体全民阅读推广类视频节目《阅途》上线、国内首创书店"迷你剧院"、全数字专业录音棚入驻书店，打造"果戈里书店读者好声音"等，每项活动都具有延续性和拓展性。书店坚持每周都有一至两次的论坛与沙龙，也已经为读者所认知，增强了读者的黏度和对书店的忠诚度。

三石认为，互联网和数字阅读时代，实体书店过去那种签名售书及办几场讲座、座谈式的营销已经对读者没有吸引力了，书店必须在文化营销上下功夫，所有活动必须"直指读者之心"。

运营模式：融入品牌概念

实体书店转型升级势在必行，但简单的体验和重复的多元化经营并不能扭转实体书店的生存困局。果戈里书店又是如何运营的呢？

据果戈里书店执行总经理韩丽介绍，书店采取了四大板块业务的运营模式，以图书零售为主业，具体经营与其他书店无异；以人文社科图书为主，有部分青少年读物，是较为常态的经营领域。

咖啡和西餐业务是果戈里书店的第二块业务，现在很多实体书店也在做这些业务，但果戈里书店是将咖啡的品牌融入书店品牌内，统一管理与结算。而西餐则是书店自营，并创立"果戈里牛排"品牌。韩丽介绍说："我们的西餐团队是由五星级宾馆和从事西餐专业的团队组建，我们的西餐及咖啡品质必须与书店的气质和品质相符合。每位读者在这里品尝的不仅仅是西餐和咖啡，而是享用西餐与咖啡文化。我们希望通过提供舒适优雅的环境，影响更多的人去读书。"这部分收入大概占书店整体收入的30%~40%。

出版具有果戈里品牌的图书产品，主要出版推广阅读方面的图书，是该书店的第三块业务。由于这家书店有着出版社的血缘，所以，出版成为其基因之一。

黑龙江教育出版社社长赵力介绍，出版社在书店内专门成立编辑部，除出版贯通亚欧文化的生活志、具有独特精神气质的文化读本《白·夜》丛书外，还策划了"晨读经典——中俄经典文学艺术名著导读"项目，这是国内首套为中俄青少年量身定制的中俄经典名著导读图书，并且纸质版图书与数字版图书并行，由中俄双方专家学者共同编译中俄双语版，在中俄两地同时发行，计划在2015年陆续推出。书店内的编辑部今后还将在阅读文化推广类的图书选题上发力，为促进全民阅读服务。

第四块业务是阅读服务与实践，如"书海游学——跟着一本书去旅行"的边走边读项目。这个项目是让读者跟着一本书去旅行，将请作家、学者、教授带领读者一起进行体验式旅游，2015年1月的澳大利亚文化游已圆满完成。海峡两岸围棋邀请赛也将由书店策划并带选手到台湾进行交流参观，全程由专家学者陪同。同时，果戈里书店百家专业图书馆项目也正在筹建之中。

除了上述四方面主营业务外，果戈里书店在全国首创书店"迷你剧院"，以及图书定制、录音棚等创新业态。2014年12月连续举办了三场"与茜茜公主那场优雅的邂逅"大型圣诞派对，场场爆满，收入可观。其茜茜公主舞台剧、俄罗斯经典芭蕾舞、弦乐四重奏等高雅演出，精彩纷呈。

"这才是做文化，这才是做书店品牌。"三石自豪地说。

转型升级：样本不可复制

目前，虽然新华书店是图书发行的主渠道，但是近几年受到电商平台等方面冲击和影响，很多实体书店都开始转型升级。书店创建方之一黑龙江图书音像发行集团的董事长曲柏龙认为，目前来看，转型升级道路上并没有一个固定的模式，因此果戈里书店的创立，也是他们在转型升级过程中的一种探索和尝试，但不能将其成功模式生搬硬套在其他书店的转型上，而是要根据各店在当地的文化特色量体裁衣。

刊于《出版商务周报》2015年2月3日

做有灵魂的书店——对话果戈里书店总策划三石

李明远

在刚刚结束的国庆假期里,国内首家欧式风格书店——果戈里书店,在哈尔滨开业。温馨雅致的环境、新鲜有趣的活动让其不仅火热于整个冰城,也成为耀动微博、微信朋友圈的热门话题。作为果戈里书店的总策划——三石全程参与了书店的设计规划与营销策划。坐在果戈里书店舒服的沙发上,三石接受了《中国新闻出版报》记者的专访,他表示,果戈里书店的目标是"建设城市大书房,打造文化新地标",一定要"做有灵魂的书店"。

民众需求能否带动实体书店回暖

《中国新闻出版报》:随着政府支持、行业转型,今年实体书店发展出现了"暖流",您对此现象如何评价?

三石:国内实体书店变化有几种方向:其一,国有新华书店系统正在进行原地升级改造,做复合型书店,其中一种重要发展模式是新华发行集团投资建设综合性、一站式、体验型的大型文化MALL;其二,以三联书店为代表的24小时书店,通过延长营业时间吸引读者;其三,单向街书店等独立书店不断开设分店。这几种现象说明,在过去两年实体书店式微情况下,目前大环境比较乐观,因为个人需求在成长,国家推动也支撑市场在走上坡路。读书人、爱书人越来越多,好书店如果有好的经营模式,一定能生存、盈利。但经营模式单一、小众的独立书店,需要很长时间才能找到盈利点,生存境况仍不容乐观。

特色书店怎样加强整体策划

《中国新闻出版报》:目前国内书店在特色经营上尚待解决的问题是什么?

究竟该如何解决？

三石：目前，新华书店也在做一些多种业态的经营，但突出的问题是多种业态没有与图书之间形成很紧密的联系，与书店文化割裂，反而感觉到图书没有温度与生命。其中很重要的原因在于国有书店店员不热情、不了解图书，没有把自己作为与读者沟通的桥梁。要想解决这一问题，就要让复合型书店形成整体文化空间。首先，要让书店营业员优胜劣汰，营业员素质要跟得上书店氛围，要让自己变成很好的文化人；其次，必须在每个角落上通过活动将图书与多种业态经营联合起来，并且将这些业态作为整体文化项目去策划。书店经营者要思考，不同商业业态要如何与图书凝为一体，形成整体氛围。这需要提高策划能力，运用文化力量。这里必须指出的是，新华书店营销策划一直停留在签售、讲座等单一的"销售促进式"的营销手段上，营销策划高手太少，尤其是既懂商业又有文化底蕴的策划高手。

《中国新闻出版报》：您经常提到培养读者对书店的忠诚度，解决这一问题的关键是什么？

三石：我们的实体书店当务之急是要建立"读者忠诚度计划"来培养客户忠诚度，并把它提高到一个企业战略的高度，以提升自身的长期竞争力。其一，我们要通过各种技术手段锁定目标客户，以更有价值的服务给读者尊崇感受。其二，优化服务营销增强读者忠诚度，杜绝服务中的表面功夫。其三，学会设计长期的忠诚度计划和模块，便于执行。其四，实施企业形象营销策略，长期不懈地塑造优秀的企业形象。其五，重视人性化营销及读者关爱体验。哈尔滨果戈里书店在创建前，我们就设计了详细的读者忠诚度计划，以增加书店对读者的黏性，"打动读者的心"。

组合营销持续打造书店品牌

《中国新闻出版报》：果戈里书店的环境和氛围与哈尔滨这座城市结合紧密，书店的第一个论坛也是"城市与阅读"。是否意味着策划一家新书店时，要注意把脉整个城市文化？

三石：做一家新书店，选址很重要，人流多少、周边人群习惯与喜好需要长期调查，从定位上就要考虑城市文化与阅读的关系。每个城市都有它的个性，也都各有其阅读习惯和消费习惯，要想成功地为一个区域打造一家书店，就必须立足于城市文化，抓住个性，从读者角度考虑，他们到底需要一家什么样的书店。在策划果戈里书店定位前，我大量地阅读了哈尔滨的城市文化历史资料。哈尔滨是个欧风沐浴的城市，无论是建筑还是生活，民众受俄罗斯文化影响较多。于是根据哈尔滨城市文化背景、所处街道建筑历史、读者生活及阅读习惯，将书店的整体风格定位为"纯欧洲风格"。因而书店内所有元素，包括廊柱、走廊穹顶、书橱书架、沙发、吊灯、台灯等都体现出欧洲新古典主义风格，同时将城市文化特色一脉相承地延续到选书、餐饮等服务上，包括活动的策划以及每个宣传品的设计都具有欧洲范儿。事实证明，这是极其成功的，哈尔滨的读者进入这家书店便有着强烈的认同感。国庆期间，仅500平方米的书店人流量达到每天近千人次。在此，我想强调的是，我们大多数新华书店一味模仿诚品书店风格，反而失去了自己应有的与城市个性相符合的风格。

刊于《中国新闻出版报》2014年10月13日

朗读不是一场"秀"

三 石

"喜悦、忧伤、悲苦、激情、感动、共鸣……朗读，让文字充满你的灵魂。"每天晚上8点至8点半，在哈尔滨果戈里书店、黑河普希金书店、佳木斯新华书店、盐城阜宁书城、井冈山红色书店同时响起读者或抑扬顿挫或悠长婉转的朗读声，这就是近两年在实体书店广为传播、具有创意的"朗读者计划"。

"朗读者计划"得到读者热捧和积极参与，其中有三个原因：一是时间持续且固定。活动全年365天无间歇，每天晚上8点至8点半为读者朗读时间。二是人人参与，普适性强。"朗读"而非"朗诵"，每一位读者将自己喜欢的文字在书店的舞台上朗读3—5分钟，可以是方言、普通话或是其他语言，只要读出来就行。在哈尔滨果戈里书店朗读者的舞台上，就有用汉语、英语、俄语、法语、西班牙语朗读的读者。三是参与朗读有奖。读者所朗读的书，书店均以7—8折的价格卖给读者，以鼓励阅读。"朗读者计划"不是一个简单的文化活动，而是拟通过此计划长期培养和提升读者的阅读兴趣，让读者享受阅读并学会分享，以此促进阅读。

在盐城阜宁书城和井冈山"红色书店"就有读者连续10多天到书店参加"朗读者计划"，"红色书店"的一个小读者持续一个月都来排队朗读，她说要将她喜欢的每一本书都读一次并买回家。在书店里策划这个"朗读者计划"的目的在于：其一，通过朗读，让读者用发自内心的声音去感动自己，同时感染在场的其他人。其二，"朗读者计划"的魅力是一种阅读的力量、传播的力量，这同样是推动阅读的力量。作为传播知识载体的实体书店，长此以往，其推动全民阅读的贡献一定是不无可估量的，这在互联网时代及数字阅读时代更显价值。有了阅读和传播的力量，实体书店才有了温度。

我一直想组织这样一种长期朗读的"朗读者计划",创建哈尔滨果戈里书店时,终于有了让我实现这个理想的机会。哈尔滨果戈里书店开业的第一天便启动了"朗读者计划",如今已经成为书店的品牌文化活动,同时成为一道独特的阅读风景,每天都有人排队朗读,甚至有不少读者和游客在朗读者时间慕名来观看。"朗读者计划"坚持每天、定时进行,它不是作秀,也不追求技术型朗诵。任何人都可以上台朗读,而且随便你用什么语言或方言,只要你读了,我们就将这本你喜欢的书以最优惠的价格卖给你作为奖励,从而鼓励更多的读者上台朗读。

"朗读者计划"的舞台不仅为读者提供了阅读的机会,而且产生了许多让人动容的场景,对读者而言具有极强的感染力和黏性。在哈尔滨果戈里书店,有盲人读者为了感谢书店帮他订购盲文图书而上台朗读自己改编的诗——《光明天使在身边》:

"……我知道,我不孤单,因为有你,果戈里书店,光明天使在人间。"

有位李女士带着10岁的女儿在台上朗读著名绘本《猜猜我有多爱你》。原来这一天是李女士结婚10周年的纪念日,她借朗读者的舞台,向长期在边疆工作的丈夫表达自己的爱。另外,有一位读者让我此生难忘,她连续两个多月都来参加朗读者活动,有时因为没能轮上朗读而感到失望。后来在交谈中得知,她得了绝症,她说她喜爱哈尔滨果戈里书店,希望自己在最后有限的时光里把最好的声音和阅读与大家分享。

现在很多省的书店都开始实施此计划,均得到当地读者的响应并成为当地知名的文化活动品牌。我有一个梦想,每天晚上8点,全国各地实体书店都实施"朗读者计划",同时响起琅琅读书声。作为一个读者、策划者、出版从业人员,还有什么比这更让我感到幸福的事呢?

刊于《中国新闻出版广电报》 2016年5月6日

连创书店"爆品"的幸福生活

三 石

从业 30 余年，无论是做发行、出版、媒体还是写作，2015 年都称得上是我最有收获也是最为幸福的一年。说收获，是因为我终于将自己积累的经验落实在实践上，连续创造被读者喜爱的"爆品"书店；说幸福，是因为自己的理念和实操的成果得到同行认可，有些方面甚至起到引领的作用。

过去的一年中，我成功地策划了系列书店并赢得了诸多美誉："中国最美欧式书店"——哈尔滨果戈里书店、中国最美"国门书店"——黑河普希金书店、中国最美县级书店——江苏阜宁书城、"东方第一城"最美书店——"佳木斯新华书店"，以及中国第一家"红色书店"——井冈山"红色书店"，跨越江苏、江西和黑龙江三省，虽然5家国有书店风格各异，但款款皆"爆品"，成为当地新锐的阅读文化品牌和城市旅游的新符号。令我自豪的是，每一家都有较为精准的盈利模式，成为较为超前的实体书店转型升级样本（井冈山"红色书店"被评为"2015年中国十大实体书店"）。

同仁研究这些书店成功的诀窍，有人说因为我会设计、懂业务、通营销、精媒体等等，其实，我只是认真地"为读者做书店"而已。

我提出要做"有灵魂的书店"，"为读书人点亮心中最温暖的那盏灯"，这绝对不是一句简单的口号。我曾在一个零下20多摄氏度的晚上站在哈尔滨果戈里书店门口观察，看到一位年轻的母亲带着孩子在书店看书，22点才离开。我问她为什么喜欢这家书店，她就说了两个字——温暖。这"温暖"不是指温度，而是氛围、气息和服务。记得哈尔滨果戈里书店开业的第30天，一位老奶奶拿着亲手绣的、满是书的十字绣来到书店，激动地说，她小时候就梦想能在如同美丽宫殿般的书店里读书,哈尔滨果戈里书店实现了她的梦想,让她感觉很幸福。有一位外地的读者曾对我说:"一进这家书店,我就有一种归属感,说不出来的喜欢。"所以,我常说,书店的灵魂是什么?是文化感、归属感和认同感。江苏阜宁书城本是一家县级新华书店,转型升级后读者出乎意料的多,周末人流量常常是平时的十倍。我连续几个月在微信朋友圈上发书店盛况,大家都惊叹不已。我做书店的理念就是要做"爆品",要做能吸引读书人的心的书店,让他们在心中尖叫:"这就是我要的书店!"

随着时代的变迁,我对"最美书店"这个概念提出了一个新标准:"最美空间、最美品质、最美服务、最美体验、最美创意",这同样是我实践的目标。

2015年,除了策划书店之外,我还做了十余场出版与发行培训和演讲,最让我满意的一场演讲便是题为《用文化撬动人们阅读的渴望》。我认为,没有这种理念,实体书店"打造阅读体验空间、建设全民阅读平台"都是空话。此外,这一年中,我还开创了实体书店首家网络电台直播间"阅读之美",首创实体书店首家室内乐团——"果戈里爱乐室内乐团",首创的实体书店欧式婚礼也已经成为书店的常规盈利项目,共举办了六场婚礼;首创的"书店奇妙夜——亲子夜宿书店欢乐营"项目也被同行所模仿。最令我引以为豪的是,我首创的全年 365 天无间歇"朗读者计划"已经成为著名的阅读文化品牌,并被全国多家省份书店复制。

刊于《出版人》2016年第1期

从卖商品到卖服务，果戈里书店盈利模式探究

张君成

编者按：哈尔滨果戈里书店2015年营收超过700万元，同比提高近50%。其中图书销售占比32.61%、西餐销售占比34.90%、咖啡销售占比20.14%、文创产品销售占比12.19%。哈尔滨果戈里书店凭借丰富多样的体验式活动和专业的多业态运营模式，获得了读者的好评，也为实体书店的转型升级提供了借鉴。

实体书店花费重金转型升级后，盈利能力是否得到提升，是其后续发展的关键。于2014年10月改造升级后的哈尔滨果戈里书店，以用户思维为主导，通过丰富多样的体验式活动和专业化的多业态运营，提升了运营能力，实现了由商品销售商向读者服务提供商的转型。

满足读者深层次文化需求

当前，实体书店掀起升级改造的热潮，不少改造后的书店虽然外观上发生了很大变化，然而其定位与盈利模式并没有发生实质改变。读者的兴奋点没有被调动，引领的目的没有达到，生存能力堪忧。

书店文化策划专家、哈尔滨果戈里书店总策划三石认为，改造后的书店盈利能力没有提升的主要原因在于其仍旧用传统思维来经营产品，没有抓住用户关注点并对症下药："根据马斯洛的需求层次理论，人们在生理和安全的需要被满足后，就会要求情感归属和自我实现的需要。因此，当前实体书店应该超越产品的局限，为满足读者更深层次的需要而迈进。"

三石对哈尔滨果戈里书店的定位是"用最美的空间、品质、服务、体验来激发大众的阅读热情"，并据此策划一系列的活动来吸引读者参与。比如，每

天30分钟、全年无间隙的"朗读者计划",读者不仅在这个活动中重燃阅读热情,也重新发现了实体书店的价值。同时,哈尔滨果戈里书店还举办了不少契合城市文化的活动,如"城市与阅读"主题论坛、哈尔滨历史文化研究会沙龙活动、"哈尔滨侨俄"文化、"犹太人在哈尔滨"活动等。这些活动展示了哈尔滨的城市文化内核,让书店气质与城市文化得到了有机统一,进而使读者对哈尔滨果戈里书店有了不同于其他书店的印象。

在经营上,哈尔滨果戈里书店还引入了会员制。读者可以通过预存储值卡加入,阅读卡会员充值金额不限,而VIP深度阅读会员则需充值3 000元以上才可申请。目前哈尔滨果戈里书店共有阅读卡会员24 231人,VIP深度阅读会员5 307人。会员活动区设在哈尔滨果戈里书店的三楼,名曰:"私人图书馆",这里装修得更加精致,环境也更为优雅。读者在这里可以享受图书借阅服务以及购书、餐饮优惠等。

这个VIP阅读区也不会将普通读者拒之门外,非会员读者可以在店员的指引下进行参观。店员不会以推销的口吻强迫或引导读者加入会员,只是细致地介绍在这个VIP阅读区里读者能享受到的服务,给读者充分的选择权。在这种舒适的氛围里,大多数来参观的读者都会申请加入会员。

除了享受日常的消费打折服务外,哈尔滨果戈里书店也会为会员举办许多活动,其中最有特色的当属"名媛会"了。在这个活动中,读者可以接受礼仪、绘画方面的培训,如茶艺课、古筝鉴赏课、形体芭蕾课等。而针对专业性较强的培训,哈尔滨果戈里书店会收取额外的费用,如名媛油画课(268元/人)、名媛红酒品鉴(198元/人)、名媛插花课(198元/人)。读者对于这些活动的热情非常高,而其也在一定程度上促进了餐饮、图书的销售。

打造有文化感的多业态经营

三石一直强调,做书店一定要有"文化","文化"这个概念应该贯彻于书店运营的方方面面。但这个"文化"又该如何进行界定与实施呢?对此,三石提出了两点:一是要契合所在城市的文化;二是专业化的多业态运营。

契合所在城市文化就是要研究所在城市的文化特质,以及读者的消费习惯。"直白地说,就是摸清这座城市的牌性,不能盲目行动。"而专业多业态运营就是在文化指引下,将多业态做到专业水准。"要做到人无我有,人有我精。"三石表示。

哈尔滨被誉为"东方小巴黎",东方的豁达与西方的典雅在这里得到了完美融合。因此,三石在哈尔滨果戈里书店的多业态运营上,立足城市特色,实行富有欧式风情的多业态运营策略。不过,哈尔滨果戈里书店刚开始实施这个策略时并不是很有信心,先是在2014年12月24日举办了"与茜茜公主那场优雅的邂逅"圣诞主题化妆晚会,检验读者对哈尔滨果戈里书店多业态运营策略的接受程度,结果晚会大获成功,从此坚定了哈尔滨果戈里书店的运营思路。

哈尔滨果戈里书店推出了自己的西餐品牌与咖啡品牌。在西餐运营方面,哈尔滨果戈里书店高薪聘请知名餐厅经理进行把关掌控。在食材上,引进世界级的阿伯丁安格斯牛排,保障了品质。在咖啡品牌方面,从咖啡豆的选取到调配,哈尔滨果戈里书店都经过多次尝试,以获得最佳口感。其中牛排的定价在58—198元之间,咖啡的定价为28元,与哈尔滨市正常消费水平相当。"读者可以以合理价格享受到专业的西餐服务,而书店富有文化的环境是我们最大的竞争力。"哈尔滨果戈里书店执行总经理韩丽表示。

哈尔滨果戈里书店还非常注重相关纪念品的创意,自主研发售卖的藏书票、徽章、笔记本、明信片等文创产品；还开发了果戈里欧式下午茶、俄罗斯原蜜系列产品等书店文化旅游消费品。其中比较有特点的当属哈尔滨果戈里书店的"圣经"式鎏金纪念笔记本，虽然定价198元，但是由于工艺复杂、制作精良，成为哈尔滨果戈里书店最受欢迎的纪念产品。"我们还为一些公司进行定制服务，这些定制款笔记本不仅可以回馈客户，还可以作为员工的奖品。"韩丽说，"2015年，果戈里书店在纪念品方面的销售金额近70万元。"

此外，果戈里书店创新引入了"书店婚礼"项目，举办了中国首场书店欧式婚礼。欧式风情的装修，以及富有文化气息的氛围，受到了不少新人的欢迎。果戈里书店还可为婚礼提供一站式服务，如定制婚礼请柬、纪念册、伴手礼以及举办单身之夜狂欢派对等，费用在3—5万元不等。从2014年10月开业至2016年5月，果戈里书店共举办19场婚礼，利润率在40%左右。据此思路，果戈里书店还承担了不少公司的周年纪念酒会、年会以及个人的生日派对、成人礼等，均获得不错的收益。

当前果戈里书店的多元业态经营顺利，其总利润的七成来源于此。韩丽表示，目前果戈里书店也在探寻更多的盈利模式，比如"俄罗斯老电影播放会"，门票仅售5元，但是通过餐饮售卖可以获得不错的收益。

刊于《出版商务周报》2016年7月5日

牡丹江书城开业：书店转型要文化，也要盈利

张君成

2016年6月12日，牡丹江书城开业。这个隶属于黑龙江出版集团领导下的黑龙江省图书音像发行集团的中型书城，由著名出版营销策划专家三石策划和设计，焕发出了新的活力。除了在内部设计上与城市文化精神相结合，牡丹江书城在多元业态方面也努力尝试着从卖商品到卖生活方式的转变，成为全国首家引入俄罗斯面包工厂和"青少年机器人天才学院体验中心"的书店，为实体书店的转型提供范本。

文化是核心，盈利是关键

重装开业的牡丹江书城占地面积共4 000平方米，计4层。一层为"珂尼伽午夜书房"（珂尼伽为俄文"图书"音译），二层为大型青少年阅读体验乐园，三层为品质阅读空间，四层则是将艺术画廊与图书馆相互结合的空间。转型后的牡丹江书城定位为牡丹江市首家"城市阅读文化体验空间和生活美学空间"，涵盖"阅读学习、文化交流、文化创意、时尚休闲"四大功能。从形象到内涵两个方面，将具有几十年经营历史的新华书店提升为城市文化地标和城市精神的象征。

著名出版营销专家、书店文化空间策划与设计专家、曾成功打造中国最美欧式书店——"哈尔滨果戈里书店"、井冈山"红色书店"等诸多"爆品"书店的三石是牡丹江书城的总设计师，他认为当前实体书店设计的核心就是一定要有文化，而且一定要盈利。

三石认为，书应该成为一种媒介，成为连接读者与书店的纽带，而这种纽带的核心就是文化。他认为当前很多实体书店的改革还是停留在了经营产品方面。比如说有的书城改造将书店装修的很现代，有很多的图书以及多业态的产品陈列空间，但是却没有举办活动的场地，或是将活动的场地压缩到很小的一块。有的书店引进的多业态根本与书店的性质不符，两者基本就是脱节的状态。

"这种思路还是产品思维，并不是用户思维。换句话说，这个改造就是换汤不换药。读者一时被吸引，但是最终还是会抛弃它而转向网上书店，因为他们并没有与书店形成黏性。"三石表示。

"这样转型你如何要求其盈利，这和之前没有什么区别。"因此，三石策划书店的两个要求就是要有文化，还要盈利。被誉为冰城最美书店的"果戈里书店"目前盈利形式多样，其通过培训、婚礼策划、餐饮活动的举办取得不错的收益。三石觉得牡丹江书城完全可以照这个路子走下去，将读者的黏性培养起来。

五大亮点，培养读者黏性
三石觉得牡丹江书城有五大亮点，可以将读者的黏性培养起来。

亮点一：黑龙江省首家"午夜书房"。升级改造后的牡丹江书城将1000平方米的一楼定位为"珂尼伽·午夜书房"。营业时间延长至深夜零点，这是黑龙江省第一家午夜书房，温暖舒适的环境，一定会吸引不少都市读书人的目光与参与。

亮点二：中国第一家与俄罗斯文化艺术及面包文化业态相结合的书店。书店结合中俄边境中型城市的特点，创建中俄文化交流新模式：一是引进俄罗斯油画、芭蕾舞艺术等俄罗斯经典文化，提供艺文展演舞台空间，常年为市民提供丰富多彩的俄罗斯文化盛宴；二是引进俄罗斯面包工厂并设置在午夜书房内，聘请俄罗斯面包师驻店，现场制作最为正宗的各种俄罗斯面包及西点。这在全国实体书店也是首家。

亮点三：打造中俄文化交流基地，创设中俄文化交流、俄罗斯学生实践、阅读推广为一体的平台。开业当天，与俄罗斯远东大学、海参崴相关政府部门建立中俄作家创作交流基地、中俄艺术展演中心、俄罗斯远东联邦大学实习培训基地、中俄图书信息资源共享中心，成为黑龙江省中俄交流又一桥头堡。

亮点四：打造牡丹江市首家儿童阅读主题公园。书店二楼为全新的"儿童阅读主题公园"，主题涵盖科普、卡通漫画、传统文化、儿童文学和国际文化、手工DIY及绘本导读等，这里是一个极富创造力的艺术空间。传统的阅读概念将在此被重新解构，就像给孩子插上了一双想象的翅膀，对阅读产生渴望。

亮点五：成为国内首家引进"青少年机器人天才学院体验中心"的实体书店。书城与北京"智点创科机器人科技发展有限公司"合作，在书城内布置了机器人天才学院体验中心，邀请了全国高等教育名校、中关村融智特种机器人联盟以及哈工大机器人及无人机等顶尖学者和精英组成实力教研团队，激发孩子们对科学、技术、工程、艺术以及数学的兴趣，引发孩子的立体想象力和空间创造力，对推进素质教育、培养中小学生的信息素养和技术素养、提高中小学生的创新能力和实践能力，具有重要的现实意义。

未来：回归体验本质

在开业当天，三石所策划的"朗读者计划"活动如约而至。目前这个活动已经成为其策划书店的标志，并被不少书店所借鉴。

"读者喜欢这个活动，实际上是对'场景需求'的需要。所以我们售卖的不是书籍，而是综合性的阅读体验。"对此牡丹江书城总经理张振巍也深有体会，他觉得这次转型最大的亮点就是将传统的卖场思维扭转为最新的体验思维，将服务读者改为服务用户，扩展营业范围，也实现了更多可能。我们现在是在探索，从卖书向卖文化转变，从卖文化向做文化转变。

刊于《出版商务周报》2016年6月13日

三石解读《意见》：顶层设计完备 黄金时代可期

三 石

核心观点：此次发布的《关于支持实体书店发展的指导意见》，是我从业30年来看到的指导性、操作性最强的意见。国家对实体书店发展有专业的顶层设计、务实的战略布局，将推动中国实体书店进入一个新的黄金时代。

我很荣幸见证《关于支持实体书店发展的指导意见》（以下简称《意见》）发布这个历史时刻。当天，我便在微信上发表感言："真心希望各地政府部门抓住机遇，组织专业人士做好当地实体书店发展的顶层设计、专业布局。而对各地的新华发行集团而言，《意见》中对实体书店发展无论是市场布局的战略，还是书店转型升级的战术，都有极强的操作性，能否执行到位，推进实体书店的整体升级，看各集团掌门人的格局和专业性，民营书店亦然。"

下面我对《意见》中的几个关键点解读：

其一，《意见》中提出"推动实体书店经营模式创新和转型升级，以改革激发市场活力。以创新增强经营能力，着力解决制约实体书店发展的关键问题"，以及"商业模式和服务形式的创新更加适应新的消费需求"，这三个"创新"相当精准且专业性极强。实体书店的转型升级，首先是思维、模式、方式的全面革命与创新，重新审视实体书店的定位以及商业模式，即学会用互联网的思维去思考。

其二，《意见》中提出"全国逐步形成一批品牌知名度高、创新发展能力强、主营业务突出、具有核心竞争力的实体书店"。我认为，"品牌实体书店"一定是体现在对城市文化的贡献、被读者认可、产品及服务优质、创新性和竞争力强等方面的新型书店。同时，这条意见将新华书店和民营书店建设放在同一起跑线上,只有这样才能确保推动和引领整个实体书店高水准地运营,以及实现书香社会的要求。

其三,《意见》中提出的"支持大型书城升级改造,建设综合性文化体验消费中心",是对大型书城全面升级的精准定位。其"文化体验消费中心"强调了书城所提供的空间、业态与服务必须满足读者精神层面的需求,彰显其社会价值。这对当前大型书城改造及一些地区推广的地产式书城文化MALL的指导相当及时。

其四,《意见》中提出"鼓励中小书店向专业化、特色化方向发展,做精做大细分市场",是基于区域文化特点和消费者文化消费行为差异化而提出的战略,将引领实体书店的建设更符合市场和读者需求。同时,我想强调的是,我对《意见》中"专业化"的理解不是传统意义上的"专业书店"。所谓"专业书店"一般是指经营专业图书的书店,而《意见》中的"专业化"是为特定读者精准服务的书店。

其五,《意见》中提出"鼓励开办24小时书店,设立自动售书机",为首次提出的要求。在开放24小时书店的问题上,至今仍有传统书店的人士有异议。但当你看到在哈尔滨晚上9点多钟,零下30摄氏度的天气,仍有读者,甚至带着孩子来书店阅读,会感到无比幸福。另外,《意见》中鼓励设立自动售书机,同样是运用新技术手段、最大限度地满足读者需求的手段,关键在于设立位置及推广与图书选品。

其六,《意见》中提出"支持实体书店进一步融入文化旅游、创意设计、商贸物流等相关行业发展,努力建设成为集阅读学习、展示交流、聚会休闲、创意生活等功能于一体的复合式文化场所",指导意见非常明确。第一,实体书店经营模式的变化,并不是简单的多业态经营,而是将实体书店向文化及文化创意产业拓展，比如文化旅游产业、文化创意设计产业等。第二，将书店从传统的"卖场"概念向"复合式文化场所"改变，这条意见技术性极强。

其七，《意见》中提出"鼓励实体书店参与政府购买公共服务项目，拓展业务渠道"，这个意见也是首次提出，是对实体书店社会功能的拓展提出了新的思路。我认为，贯彻这个意见不仅仅是参与政府购买公共文化服务项目，购买了不会操盘也不行，所以首先要求实体书店尤其是新华书店文化运营素质的提高。

其八，《意见》中提出"鼓励实体书店探索'按需印刷''前店后厂'等新的商业模式"，也是首次提出。现在国内不少书城都进行过此类尝试，我认为市场潜力很大，尤其是在当今数码时代，个性化阅读有较好的前景。

刊于《中国新闻出版广电报》2016年6月27日

附 录
三石策划书店影像集

中国最美欧式书店——果戈里书店

地址：黑龙江省哈尔滨市南岗区果戈里大街164号

面积：1000平方米，共两层

属性：由黑龙江教育出版社有限公司与黑龙江省图书音像发行集团共同投资改造前为黑龙江教育出版社培训学校，房产为黑龙江教育出版社所有

开业时间：1. 2014年10月1日第二层开业
　　　　　2. 2014年12月24日第三层开业

注：第一层为30平方米进店走廊

升级改造前

中国最美国门书店——普希金书店

地址：黑龙江省黑河市爱辉区中央街310号三楼
面积：370平方米
属性：黑龙江省图书音像发行集团
　　　黑河市新华书店有限公司
　　　改造前为黑河新华书店中央街门市部
开业时间：2015年3月28日

三石策划书店影像集　259

升级改造前

中国最美县级书店——阜宁书城

地址：江苏省盐城市阜宁县阜城大街61号
面积：1 000平方米
属性：江苏凤凰出版传媒股份有限公司
　　　阜宁新华书店有限责任公司
　　　改造前为阜宁县新华书店门市部
开业时间：2015年9月20日

升级改造前

中国东方第一城最美书店
佳木斯新华书店

地址：黑龙江省佳木斯市长安路745号
面积：1 800平方米，共四层
属性：黑龙江省图书音像发行集团
　　　佳木斯市新华书店有限公司
　　　改造前为佳木斯新华书店中心门店
开业时间：2015年10月24日

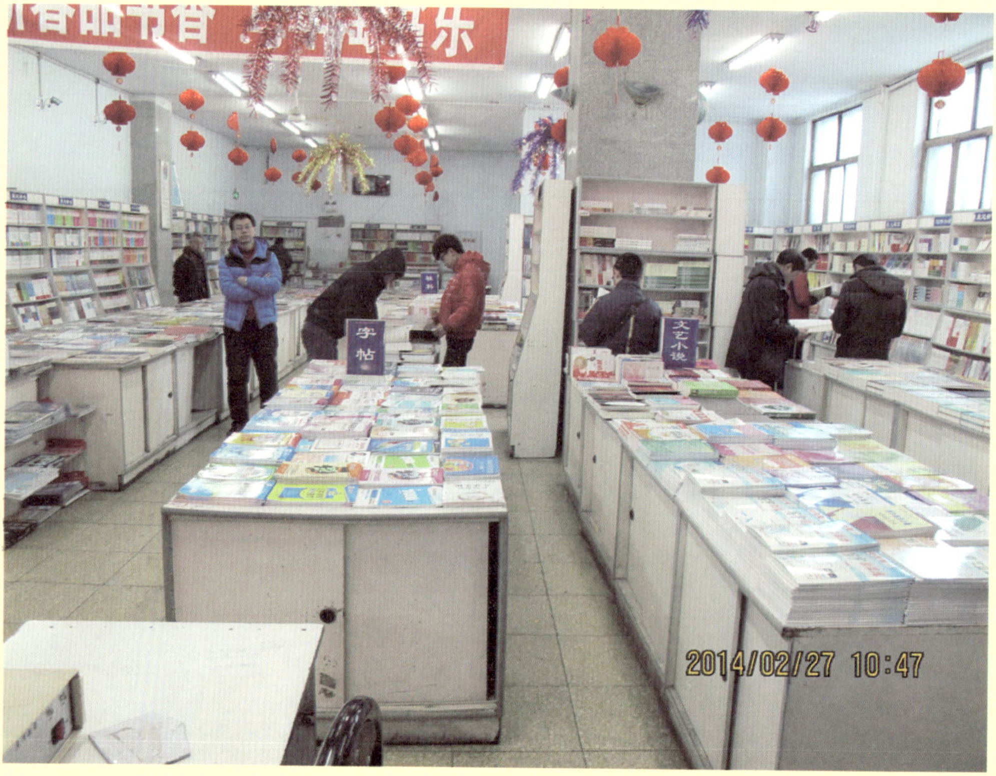
字帖
文艺小说
2014/02/27 10:47

升级改造前

新華書店
XINHUA BOOKSTORE NO.036
BOOKSTORE
庆伟
武道
BO
OK

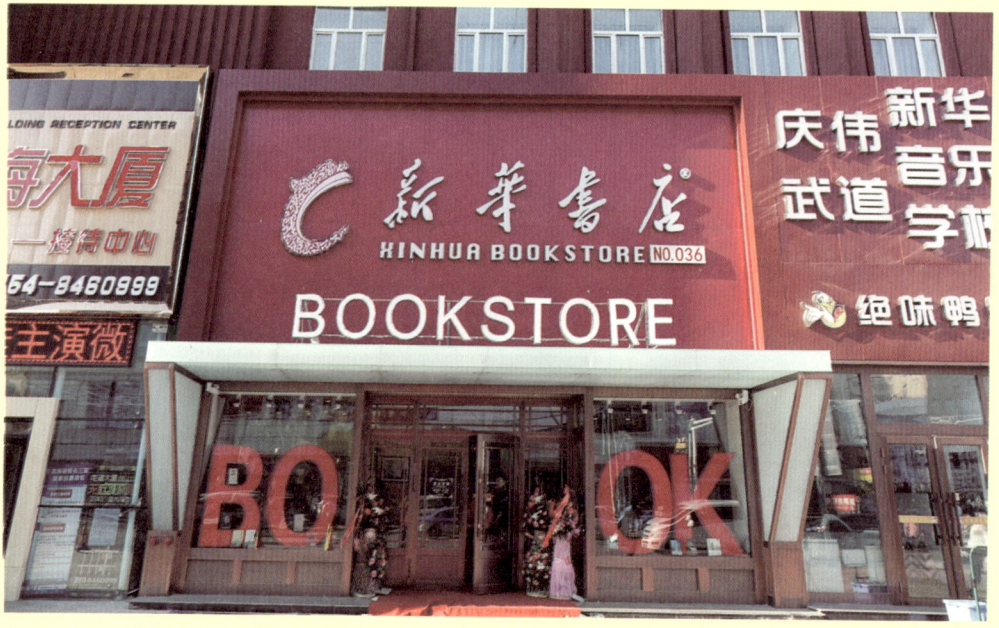

升级改造前

中国第一家红色书店——红色书店

地址：江西省井冈山市茨坪镇天街E栋2005号
面积：400平方米，共两层
属性：江西省新华发行集团
　　　　江西新华发行集团有限公司井冈山市分公司
　　　　改造前为井冈山新华书店茨坪镇门店
开业时间：2015年11月7日

中国最美新华书店——牡丹江书城

地址：黑龙江省牡丹江市太平路110号
面积：4 000平方米，共四层
属性：黑龙江省图书音像发行集团
　　　牡丹江市新华书店有限公司
　　　改造前为牡丹江市新华书店中心门店
开业时间：2016年6月12日

升级改造前

歌德书店

地址：辽宁省沈阳市和平区广州街81号
面积：500平方米
属性：北方联合出版传媒（集团）股份有限公司
　　　新华书店北方图书城有限公司
开业时间：2016年8月

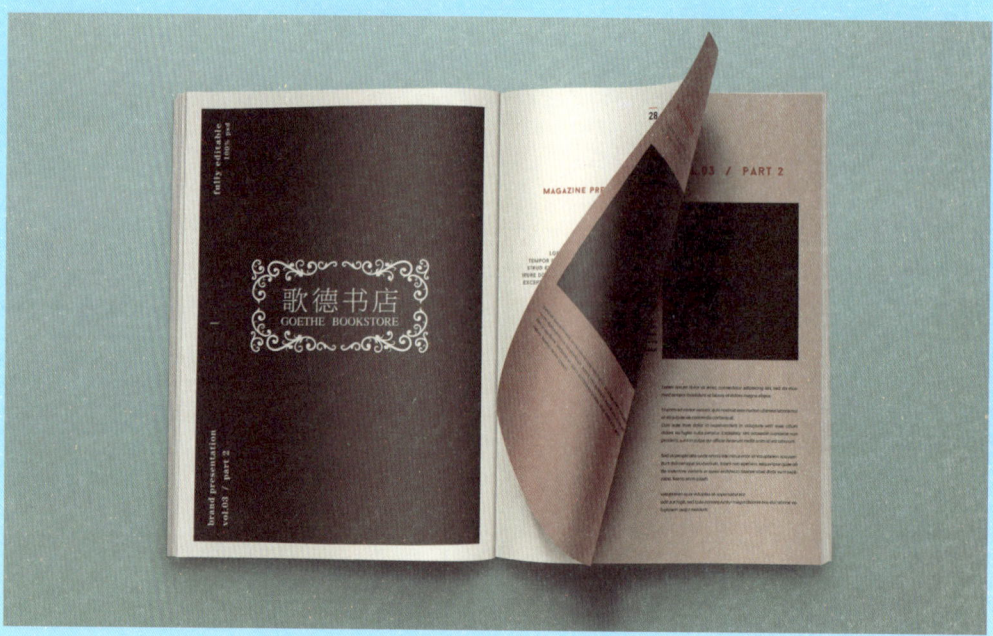

三石出版痴语

2014-8-27 01:23 来自 Android客户端

下午，负责这项目的经营者韩丽突然问我："三石老师，我们能不能将它打造成百年书店？"我的眼睛猛然湿润，体制内竟然有如此痴梦者！

三石
城市历史、气质与阅读文化的融合，策划中国最美欧式书店。这项目策划作品将是我向中国出版的致敬，向书店理想者的致敬。每个文化人的心中都有一个书店梦。

一家为城市和读者喜爱的书店，离不开一支热爱书店并充满激情的团队，一支高效率并充满责任感的团队，很庆幸能和这七家优秀书店合作，是他们激发了我的创意灵感，共同创造书店新的历史，努力"做有灵魂的书店"，共同"点亮读书人心中最温暖的那盏灯"。在此，向哈尔滨果戈里书店、黑河普希金书店、江苏阜宁书城、佳木斯新华书店、井冈山红色书店、牡丹江书城、沈阳歌德书店致敬。

书店经典宣传语

做有灵魂的书店

点亮读书人心中最温暖的那盏灯

阅读,一群人的心灵交响

果戈里书店,为精神贵族而生

阅读,寻找内心的光明

生命因阅读而精彩

后 记

后 记

画家父亲"文革"期间被发配到"五七干校",之后又被转到城里的新华书店继续改造思想,那段时光却给我留下最快乐的记忆。因为,每天放学后我就会钻进新华书店的柜台里看小人书(连环画),享受着"特权"和"天堂"的味道。新华书店情结从童年便开始种下。那时就想,长大后如果自己开家书店,天天泡在书堆里该是何等幸福。1997年,我创作的第一本长篇小说《黄金地带》便是以新华书店为背景。

我参观过不少国家的书店,特别迷恋书店那温暖的氛围,尤其是遇见那些令我怦然心动的小书店,总是幻想,我也要做这样的书店。

在担任《出版营销》的主编时,我首先策划的就是《影像书店》栏目,每期向读者推荐一家中国的优秀书店,所有的图片都是我亲自拍摄,"单向街""时尚廊""老书虫""先锋书店""光合作用"等共拍了20余家1 000余幅照片。当时我曾有个想法,就是在这些书店里同时做"三石影像书店"影展,只可惜,后来有一些书店没有能生存下去。

我一直在思考,人们需要怎样的书店,怎样的书店才能生存下去。于是，除了从事媒体和出版外，我一直在研究实体书店的文化、模式、营销，撰写了许多关于实体书店营销的文章。因此，得到了国家新闻出版广电总局副局长阎晓宏先生的肯定和支持，并给予我提出了许多宝贵的意见。

多年来，我一直在追寻我的梦想，希望有机会能亲自策划一家书店，把我研究的理论付诸实践，为城市、为读者用心构建一座像莎士比亚书店那样富有浓郁文化气息的文化地标。

2014年7月17日，黑龙江省图书音像发行集团董事长曲柏龙打电话给我，说受黑龙江出版集团董事长李久军之托，与黑龙江教育出版社社长赵力共同邀请我帮助策划一家全新的书店。我似乎不假思索就答应了，因为，这个电话我好似等待了40十年。我一夜无眠，根据曲柏龙先生电话中简单介绍的地理位置，从网络上搜索了相关区域历史和文化，并把哈尔滨相关历史、人文资料下载，进行了简单的研究，有了一个初步的书店定位思路，第二天匆匆赶到了机场。

短短三个月的时间，我全程策划、全力打造的哈尔滨果戈里书店渐露雏形并不断完善。2014年10月1日，哈尔滨果戈里书店开业。两年来，哈尔滨果戈里书店以全新的理念、多元化文化业态、丰富多彩的活动让读者和业界耳目一新。2016年4月，中央电视台《新闻联播》《朝闻天下》《文化十分》《新闻直播间》四个栏目分别从不同的角度对哈尔滨果戈里书店进行了报道。果戈里书店真正成为哈尔滨的文化地标。从此以后，我也正式开始为新华书店系统实施转型升级策划，在黑龙江、江苏、江西、辽宁等省连续打造了普希金书店、阜宁书城、佳木斯新华书店、井冈山红色书店、牡丹江书城、歌德书店，媒体均将这几家书店称之为"爆品"书店，几乎都成为当地最耀眼的文化地标，得到了读者的热捧。于是，我也由此正式从媒体人、出版人转型为书店文化策划专家、书店空间设计专家。这期间，得到了国家新闻出版广电总局印刷发行司王岩镔司长的关心和支持，经常通过电话和微信向我了解这几家书店开业后的运营情况。

其实，这些成功得益于我所合作的各家书店的优秀团队，没有他们的齐心协力，再好的策划也不可能实现；没有他们敬业的精神和优异的运营能力，再好的书店模式也不可能正常运转。不然，转型升级只会成为美丽的童话。

真心感谢张声辰、韩丽、周静梅、刘春、吕云波、肖怡、张振巍、柳青松，以及他们领导的团队。同时，在共同创造书店历史的过程中，我由一个为他人作嫁衣者成为这个大集体的一员，这兄弟姐妹般的友情，情同手足的故事，也只有在这里才能上演，因为我们都有着共同的梦想与激情：做有灵魂的书店！

在此，还要特别感谢中国书刊发行业协会理事长艾立民先生多年来对我的支持，感谢黑龙江出版集团董事长李久军、江苏凤凰出版传媒集团总经理周斌、辽宁出版集团董事长杨建军、江西新华发行集团总经理涂华、黑龙江省图书音像发行集团董事长曲柏龙、黑龙江教育出版社社长赵力。是他们，给了我为书店创新实践的机会和鼎力支持。

同样，在他们的鼓励之下，我将自己的策划经历整理出来，为更多同行提供一些可借鉴的经验。于是便有了这本《书店革命——中国实体书店成功转型策划与实战手记》。

这本书只能算是一本策划手记的完整汇集，并没有什么理论价值，完全是操作型的记录，因为我本人做媒体、做出版多年，策划书名和目录是强项，并且多年来除出版实务外一直为全国很多出版社编辑讲畅销书的策划与营销。自己写的书自己不会策划会被全国很多编辑学生们笑话，因此，这本书从策划到包装让人感觉有点像畅销书。

因为是手记，所以文字很随意，写作方式也是碎片化的，其中的理论也不一定经得起推敲，甚至有点牵强，只有一些操作层面的体会还有点意义，也同样碎片化地存在于其中。只有书店、案例、笔记、手绘图是真实的，实景照片也是真实的，这些也就够了。所谓书店革命，我只是想强调，传统书店最大的危机是思维模式僵化，思维模式革命是实体书店再生的唯一出路。

感谢国家新闻出版广电总局副局长阎晓宏先生亲自为《书店革命——中国实体书店成功转型策划与实战手记》作序，给予我莫大的鼓励。

最后，还要再次感谢我的画家父亲，引导我自幼学美术并打下了比较扎实的功底，40年后有机会用自己的绘画和设计能力去实现自己全程策划书店的梦想，竟然还戴了个"空间设计专家"的帽子。

最后想说的是，为城市，为读者，做有灵魂的书店，无比幸福！

三 石

2016年7月17日

图书在版编目（CIP）数据

书店革命：中国实体书店成功转型策划与实战手记 / 三石著. -- 哈尔滨：黑龙江教育出版社，2016.7
ISBN 978-7-5316-8835-8

Ⅰ. ①书… Ⅱ. ①三… Ⅲ. ①书店－经营管理－研究－中国 Ⅳ. ①G239.23

中国版本图书馆CIP数据核字(2016)第176651号

书店革命——中国实体书店成功转型策划与实战手记

三石 著

责任编辑	徐永进 于 冰
封面设计	张 慰
责任校对	史丽娟
出版发行	黑龙江教育出版社
地　　址	哈尔滨市南岗区花园街158号（邮编150001）
印　　刷	黑龙江远东联达教育文化传媒有限公司
开　　本	787毫米x1092毫米　1/16
印　　张	20
字　　数	230千
版　　次	2016年7月第1版
印　　次	2016年7月第1次印刷
书　　号	ISBN 978-7-5316-8835-8　　定　价　79.00元

黑龙江教育出版社网址：http://www.hljep.com.cn
如需订购图书，请与发行中心联系。联系电话：0451-82631818
如有印装质量问题，影响阅读，请与我公司联系调换。联系电话：0451-84560820
如发现盗版图书，请向我社举报。举报电话：0451-82651818